동경대전

보통 사람의 양심에서 찾은 개벽의 길

청소년 철학창고 25
동경대전 보통 사람의 양심에서 찾은 개벽의 길

초판 1쇄 발행 2010년 10월 16일 | 초판 4쇄 발행 2020년 11월 20일

풀어쓴이 최천식
펴낸이 홍석 | 기획 채희석 | 이사 홍성우
편집 유남경 | 표지 디자인 황종환 | 본문 디자인 서은경
마케팅 이가은·이송희 | 관리 김정선·정원경·최우리
펴낸곳 도서출판 풀빛 | 등록 1979년 3월 6일 제8-24호
주소 03762 서울시 서대문구 북아현로 11가길 12 3층
전화 02-363-5995(영업), 02-362-8900(편집) | 팩스 02-393-3858
홈페이지 www.pulbit.co.kr | 전자우편 inmun@pulbit.co.kr

ISBN 978-89-7474-557-8 44150
ISBN 978-89-7474-526-4 (세트)

이 도서의 국립중앙도서관 출판예정도서목록(CIP)은 서지정보유통지원시스템 홈페이지(http://seoji.nl.go.kr)와
국가자료공동목록시스템(http://www.nl.go.kr/kolisnet)에서 이용하실 수 있습니다. (CIP제어번호: CIP2010003536)

동경대전

보통 사람의 양심에서 찾은 개벽의 길

최제우 지음 | 최천식 풀어씀

'청소년 철학창고'를 펴내며

　우리 청소년이 읽을 만한 좋은 책은 없을까? 많은 분들이 이런 고민을 하셨을 겁니다. 그러면서 흔히들 고전을 읽어야 한다고 합니다. 하지만 서점에 가서 책을 골라 보신 분들은 느꼈을 겁니다. '청소년의 지적 수준에 맞춰서 읽힐 만한 고전이 이렇게도 없는가.'라고.

　고전 선택의 또 다른 어려움은 고전의 범위가 매우 넓다는 것입니다. 청소년 시기에는 시간과 능력의 한계 때문에 그 많은 고전들을 모두 읽을 수 없습니다. 그렇다면 어떤 책을 읽어야 할까요?

　이런 여러 현실적인 어려움을 고려해 기획한 것이 풀빛 '청소년 철학창고'입니다. '청소년 철학창고'는 고전의 핵심이라 할 수 있는 '철학'에 더 많은 무게를 실었습니다. 그 이유는 무엇일까요?

　사람들은 일반적으로 철학을 현실과 동떨어진 공리공담이나 펼치는 학문이라고 생각합니다. 하지만 철학적 사고의 핵심은 사물과 현상을 다양하게 분석하고 종합해서 그 원칙이나 원리를 찾아내는 것입니다. 그래서 철학은 인간과 세상에 대해 깊이 있게 생각하고, 논리적으로 종합하는 능력을 키워 줍니다. 그런 만큼 세상과 인간에 대해 눈떠 가는 청소년 시기에 정말로 필요한 공부입니다.

하지만 모든 고전이 그렇듯이 철학 고전 또한 읽기가 쉽지 않습니다. 그래서 '청소년 철학창고'는 청소년의 눈높이에 맞추기 위해 선정에서부터 원문 구성에 이르기까지 많은 노력을 기울였습니다.

첫째, 책을 선정하는 과정에서부터 엄격함을 유지했습니다. 동양·서양·한국 철학 전공자들이 많은 회의 과정을 거쳐, 각 시대마다 동서양과 한국을 대표하는 철학 고전들을 엄선했습니다. 특히 우리 선조들의 사상과 동시대 동서양의 사상들을 주체적인 입장에서 비교하고 검토할 수 있도록 했습니다.

둘째, 고전 읽기의 참다운 맛을 살리기 위해 최대한 원문을 중심으로 구성했습니다. 물론 원문 읽기의 어려움을 해결하기 위해 새롭게 번역하고 재정리했습니다. 그리고 청소년이라면 누구나 어렵지 않게 읽으면서 고전이 주는 의미와 내용을 이해할 수 있도록 설명을 덧붙였고, 전체 해설을 통해 저자의 사상과 전체 내용을 다시 한 번 정리해 주었습니다.

마지막으로 쉬운 것부터 읽기 시작해 점차 사고의 폭을 넓혀 가도록 난이도에 따라 세 단계로 구분했습니다. 물론 단계와 상관없이 읽고 싶은 순서대로 읽어도 됩니다.

우리 선정위원들은 고전 읽기의 진정한 의미가 '옛것을 되살려 오늘을 새롭게 한다(溫故知新).'는 데 있다고 생각합니다. '청소년 철학창고'를 통해 자라나는 청소년들이 인간과 사물에 대한 깊은 통찰력을 키워, 밝은 미래를 열어 나갈 수 있기를 진정으로 바랍니다.

2005년 2월

선정위원   허우성(경희대 교수, 동양 철학)   윤찬원(인천대 교수, 동양 철학)
          정영근(서울산업대 교수, 한국 철학)   허남진(서울대 교수, 한국 철학)
          이남인(서울대 교수, 서양 철학)   한자경(이화여대 교수, 서양 철학)

들어가는 말

　최제우가 지은 《동경대전(東經大全)》은 애초부터 그것을 긍정적으로 보는 시각과 부정적으로 보는 시각이 첨예하게 대립했다. 신분 제도가 철폐되기를 갈망했던 이 땅의 민중들은 장대 끝에 걸린 최제우의 목을 우리도 인간답게 살 수 있다는 희망의 등불로 바라보았고, 양반이 지배하는 세상을 참된 세상으로 여겼던 사람들은 신분 질서를 위협하는 반역의 횃불로 받아들였다. 최제우의 글을 모아 놓은 《동경대전》은 장대 끝에 걸린 최제우의 목과 같은 것이어서 1894년 동학 민중 혁명이 일어나기까지 이 땅의 민중들에게는 희망의 등불이었고 양반 관료들에게는 반역의 횃불이었다. 최제우의 생각이 옳았는지 유학자들의 생각이 옳았는지를 판가름하는 것은 이 글에서 다루고자 하는 중심 내용이 아니다. 다만 지배 계급과 피지배 계급이 대립하는 과정 속에서 유학자들은 최제우의 사상을 여러 방식으로 왜곡했다. 이러한 모함을 벗겨 내고 은폐된 진실을 있는 그대로 드러내는 것이 이 글의 목적이다.

　현대에도 몇 가지 오해가 있어 《동경대전》의 사상 체계인 동학(東學)을 이해하는 데 장애가 되고 있다. 이러한 오해들은 최제우가 그 당시 민중들의 열망을 어떻게 담아냈는지를 파악하지 못한 데서 기인하는 것으로 다음 두 가지 형태로 나타난다. 첫째, 최제우의 능력과 《동경대전》의 내용을 과대평가하는 경우다. 최제우는 17세 때까지 경주 지역의 이름난 유학자였던 아버지로부터 가르침을 받았고 20대에는 10년 남짓 전국을 누비며 장사를 했고 30대 초반에는 사업을 경영했다. 36세 때 깊은 반성과 오랜 사색 끝에 동학을 일으켰고 포교한 지 2년 반 만에 동학의 괴수로 체포되어 참수되었다. 간단한 이력에 나타나 있듯이 최제우는 학식이 깊었던 사람도, 사회적 지위가 높았던 사람도, 활동 기간이 길었던 사람도 아니다. 동학은 한 개인의 특별한 능력이 만들어 낸 것이 아니라 그 시대 민중들이 가슴에 품고 있던 열망에서 비롯한 것이다. 따라서 동학을 올바로 이해하기 위해 우리가 살펴야 할 것은 최제우의 능력이 아니라 그 시대 민중들의 아픔과 갈망이다. 최제우의 계승자인 최시형은 최제우가 남긴 글들을 모아 《동경대전》과 《용담유사》라는 이름을 붙여 간행했다. 동학의 본 모습을 담고 있는 두 저서는 분량과 형태뿐만 아니라 그 내용과 논리도 매우 소박하고 단순하다. 논리가 단순하기 때문에 민중의 열망을 담아낼 수 있었고, 민중의 열망을 담아낸 것이기에 내용이 소박하다. 따라서 두 저서에서 심오한 철학을 발견하려고 하면 할수록 오히려 민중의 열망을 담아낸 동학의 가치를 파악할 수 없게 된다.

둘째, 동학을 과소평가하는 태도다. 최제우의 남다른 미덕은 민중의 한 사람으로서 살고자 했던 진솔함이요, 동학의 특별한 매력은 민중의 열망을 묶어 낸 단순함이다. 당시의 지배 계급이었던 유학자들은 수천 년 전의 성인들을 존숭했지만 최제우는 눈앞에 오가는 민초(民草)들을 대변했다. 유학에서는 끝내 도달할 수 없는 경지를 수양의 목표로 내세워 유학자들의 지배를 정당화했지만 동학에서는 누구나 지니고 있는 양심이 바로 하늘임을 내세워 신분 제도의 허구를 폭로했다. 민중의 열망을 담아낼 수 있었던 원동

력은 이러한 진솔함과 단순함이다.《동경대전》의 외면에 나타나는 투박함과 단순함만 보고 동학을 하잘것없는 것으로 평가한다면, 이는 동학이라는 이름으로 죽어 간 수십만의 열망과 그들이 이고 살아야 했던 시대의 아픔을 경솔하게 생각하는 것일 테다. 또한 이 시대의 거짓에 노여워할 줄 모르는 것일 테요, 내 이웃의 눈물에 아파할 줄 모르는 것일 테다.

이런 점에 유의하면서, 이제 최제우의 진솔한 이야기에 귀 기울여 보자. 성공을 위해 내달렸던 젊은 시절을 뼈아프게 반성하는 이야기, 인생의 낙오자로 터덜터덜 고향 땅으로 돌아오는 이야기, 서학의 위선을 폭로하며 서양의 침략을 예견하는 이야기, 누구나 존중받고 사는 새 세상을 소망하는 이야기…….

몇 년 전,《동경대전》을 학술 수준에서 번역해 내기 위해 청명문화재단의 도움을 받아 강독 모임을 이끈 적이 있다. 태동고전연구소 동학들로서 강독 모임에 참여했던 한국고전번역원의 오재환과 단국대 동양학연구소 사전편찬실의 정태운에게 고마움을 전한다. 그리고 강독 모임을 지원해 준 청명문화재단에 감사를 표한다.

2010년 10월
최 천 식

| 일러두기 |

1. 중고생 독자에게 불필요하다고 생각되는 시 몇 편과 산문 몇 편을 제외하고는 최제우의 《동경대전(東經大全)》을 완역했다.

2. 한문 해석상의 문제를 충분히 검토하고 철저히 직역한 뒤에 이 책이 이루어졌지만, 중고생 독자를 위해 직역을 과감한 의역으로 전환했고 한문 해석에 관한 설명도 생략했다.

3. 최제우의 행적에 대해서는 《동학1》(표영삼, 통나무, 2004)을, 동학의 역사에 관련해서는 《동학사》(오지영, 대광문화사, 1984)를 참조했다.

1

포덕문(布德文)
새로운 사상을 세상에 내놓는 까닭은?

제**1**편 _ 포덕문(布德文)
새로운 사상을 세상에 내놓는 까닭은?

　동학(東學)은 글을 통해서 전파된 것이 아니라 최제우의 주장이 사람들의 입에 오르내리면서 전파되었다. 입에서 입으로 전해지다 보면 여러 가지 오해가 생기기 마련이다. 이러한 오해를 풀고 방지하기 위해 최제우는 1861년 7월 고향인 경주 용담(龍潭)에서 〈포덕문〉을 지어, 동학이라고 하는 새로운 사상을 세상에 내놓게 된 까닭을 밝혔다. 동학은 어떤 상황에서 출현했는가? 이것이 〈포덕문〉에서 살펴볼 중심 내용이다.

　최제우가 활동하던 시기는 조선 사회를 지탱하던 성리학이 구심력을 잃으면서 사회·문화 질서가 무너져 내리던 때였다. 성리학은 관료들의 학문이었기 때문에 관료들이 평민들의 신뢰를 잃지 않을 때만이 그 기능을 다할 수 있었다. 그러나 그 당시 관료들은 온갖 해괴한 방식으로 평민들을 수탈했기 때문에 존경의 대상이 아니라 원망의 대상으로 전락해 있었다. 이러한 현상은 성리학이 구심력을 잃고 사회·문화 질서가 무너지고 있었다는 것을 의미한다. 이 문제를 어떤 방식으로 극복할 것인가, 이것이 최제우의 고민이었다.

　이 무렵 서양은 청나라를 침략하여 2차 아편 전쟁을 일으키는데 이 소식을 전해 들은 최제우는 청나라가 망하면 이웃 나라인 우리나라도 무사할 수 없을 것이라는 두려움을 느끼게 된다. 서양 사람들은 기독교를 앞세워 "하늘님의 뜻에 따르는 것이지 부귀를 탐하는 것이 아니다." 하며 무력 침략을 정당화했지만, 최제우는 '하늘님의 뜻에 따르는 것이라면 무력으로 다른 나라를 침략할 리가 없고 무력으로 다른 나라를 침략했다면 그것은 하늘님의 뜻에 따른 것이 아니다.'라고 생각했다. 사회·문화 질서가 무너져 가는 때에 서양 세력은 엄습해 오고 조선 사회는 서양의 침략에 대해 전혀 방비가 없었다는 것, 이것이 최제우의 또 다른 고민이었다.

포덕문

　문명 시대 이전의 먼 옛날부터 봄이 가면 여름이 오고 가을이 가면 겨울이 오는 정연한 질서는 뒤바뀐 적이 없다. 이러한 현상들은, 우주가 보이지 않는 오묘한 이치에 따라 움직이고 있음을 보여 주는 자취이다. 문명 시대 이전에도 이러한 자취가 온 세상에 훤히 드러나 있었기에, 가르쳐 줄 스승이 없던 그 시대 사람들도 자연의 이치에 순응하며 살 줄을 알았다.

　성인(聖人)들이 태어나 한 해가 언제 시작되고 언제 끝나는지, 사계절이 언제 시작되고 언제 끝나는지, 달이 언제 차고 언제 기우는지 등을 글로 지어 질서 정연한 우주의 움직임을 밝혀 놓고 나서야 비로소 문명 사회가 시작되었다. 행동거지 하나하나, 흥망성쇠(興亡盛衰) 하나하나를 천명(天命)에 결부시켜 놓은 것은 천명을 공경하고 천리(天理)에 순응하라는 가르침이었다. 천명을 공경하고 천리에 순응함으로써 사람들은 군자가 되었고 성인들의 가르침인 도(道)와 덕(德)이 학문으로 전수되었다.

　도(道)라고 하는 것은 하늘의 길이요, 덕(德)이라고 하는 것은 하늘이 부여해 준 능력이니, 학문을 한다는 것은 하늘의 길을 밝히고 하늘이 부여해 준 능력을 닦아서 발휘하는 것이다. 후세에 태어난 사람들도 학문을 통해 도를 배우고 덕을 닦아 군자가 될 수 있었고 성인의 경지로 나아갈 수 있었으니, 이러한 학문을 어찌 공경하고 찬탄하지 않을 수 있겠는가!

✤ 문명사회를 이룩한 사람들을 성인이라고 한다. 성인들은 밤낮이 일정한 시간을 두고 바뀐다는 것, 달의 모양이 정해진 규칙에 따라 변화한다는 것, 봄·여름·가을·겨울이 변함없이 되풀이된다는 것 등 우주가 아무렇게나 운행되는 것이 아니라 질서 정연하게 운행된다는 것을 밝혀 놓았다. 봄이 언제 시작되고 가을이 언제 끝나는지를 밝혀 놓음으로써 사람들은 언제 씨앗을 뿌리고 언제 수확해야 할지를 알게 되었다. 성인들은 또 사람으로서 마땅히 해야 할 일들을 밝혀 놓았다. 그중 으뜸 되는 것이 자식에 대한 부모의 사랑, 부모에 대한 자식의 효행이다. 해가 동쪽에서 떠서 서쪽으로 지는 것이 자연의 이치인 것처럼 부모가 자식을 사랑하고 자식이 부모에게 효도하는 것도 그와 똑같은 자연의 이치라고 생각했다. 다만 해가 동쪽에서 떠서 서쪽으로 지는 것은 저절로 그렇게 되는 것이지만 부모가 자식을 사랑하고 자식이 부모에게 효도하는 것은 사람들의 자연스러운 감정이면서도 저절로 되는 것이 아니라 노력이 필요하다. '스스로 그러한' 자연(自然)의 이치를 도(道)라 하고, 노력을 통해 발휘하게 되는 자연스러운 능력을 덕(德)이라 한다. 성인들이 도(道)와 덕(德)을 밝혀 놓음으로써 사람이나 짐승이나 차이가 없던 원시 시대는 문명 시대로 발전했다. 먼 바다에서 고기잡이를 하던 배가 깜깜한 밤중에 등대를 보고 집으로 돌아오듯이, 깊은 산 속에서 길을 잃으면 나침반과 지도를 보고 길을 찾듯이 사람들은 비로소 성인들이 밝혀 놓은 자연

의 이치에 따라 살아갈 수 있게 되었다. 그리고 자연의 이치에 순응해야 한다는 성인들의 가르침은 학문으로 이어져 내려와서 후세 사람들도 학문을 통해 군자가 될 수 있었고 성인의 경지로 나아갈 수 있게 되었다.

위에서 최제우는 인류 역사를 성인의 출현을 분기점으로 하여 원시 시대와 문명 시대로 나누고 있다. 이는 제2의 문명 시대가 열리고 있음을 말하기 위한 서론에 해당한다. 제2의 문명 시대를 최제우는 '개벽'이라는 말로 표현한다. 개벽(開闢)은 '새로운 세상이 열리다.'는 의미다. 민중들 각자가 자신의 존엄성을 자각하는 시대, 민중이 양반과 똑같은 사람으로서 존중 받는 시대를 천지가 개벽하는 일에 비유했다. 인류 역사를 원시 시대, 문명 시대, 개벽 시대로 나누는 것은 유학을 문명 시대의 철학으로, 동학을 개벽 시대의 철학으로 구분한 것이다.

그런데 근래에 들어와서는 세상 사람들이 자신의 욕심만 채울 뿐 더이상 천리(天理)에 따르지 않고 천명(天命)을 알려고 하지 않는다. 이러한 세태를 늘 두려워하면서도 어찌 살아야 할지, 갈 길을 찾지 못하고 있었다.

그렇게 살고 있던 1860년 어느 날 다음과 같은 소문을 들었다. "서양 사람들이 청나라를 침략하여 점령하고는 그곳에 예배당을 짓고 교리를 전파하고 있답니다. 그러면서 '이것은 하느님의 뜻에 따르는 것이지 부귀를 탐내는 것이 아니다.'라고 말한답니다." 이런 소식을 전해 듣고 나는 의혹이 가시지 않았다. '설마 그런 일이 있겠는가? 어찌 그런 일이 있을 수 있단 말인가?'

✦ 동학이라고 하는 새로운 사상을 세상에 내놓게 된 시대 배경 두 가지를 간단히 언급하고 있다. 첫째, 올바른 삶은 생각지도 않고 이해득실만 따지는 세상이 되었다는 것이다. 자연의 이치에 순응하는 삶과 대비되는 것이 이해득실만 따지는 삶이다. 그런데 사람들은 왜 자연의 이치에 순응하지 않고 이해득실만 따지게 되었을까? 자연의 이치에 순응하라는 성인의 가르침은 학문을 통해서 이어져 내려왔다. 여기에서 학문은 조선 시대의 성리학을 가리킨다. 조선 시대에는 성리학을 공부한 선비들이 과거 시험을 통해 관료가 되었는데, 과거 시험은 양반집 아들만 볼 수 있었고 또 그 공부가 어렵고 끝이 없기 때문에 애초부터 먹고살기 바쁜 민중과는 직접적인 상관이 없었다.

더욱이 최제우가 살던 시기는 왕의 외척인 안동 김씨와 풍양 조씨가 정권을 잡고 정치 질서를 유린하던 때였다. 뇌물을 주고 관직을 사는 일이 만연했고 이들은 탐관오리가 되어 온갖 방법을 동원해서 백성들을 수탈했다. 관직을 사는 데 드는 비용이 늘어나면 늘어날수록 백성들에 대한 수탈도 점점 심해져 갔다. 양반 관료는 최소한의 신뢰감마저 잃고 지탄의 대상으로 전락했으며 농민들의 저항도 급격히 늘어나서 1862년에는 전국 70여 곳에서 농민 봉기가 일어난다. 양반 관료의 부정부패가 만연하고 백성들이 극도의 가난에 허덕이며 견디다 못해 봉기하는 상황은 성리학이 더 이상 조선 사회의 버팀목이 될 수 없게 되었다는 것을 의미한다. 최제우는 양반은 양반대로 평민은 평민대로 각자의 이해득실만 계산하며 살아가는 세태를 보고, 평민들에게는 평민들 각자가 도덕 실현의 주체임을 피력하고 양반들에게는 신분제 철폐를 요구하는 이념을 제시하게 된다. 최제우는 이러한 이념 체계를, '우리나라의 학문'이라는 뜻에서 동학(東學)이라고 이름 지었다. 민중의 도덕성과 신분제 철폐라는 동학의 두 요소는 최제우 사후에도 계속 유지되어 농민의 사회·문화적 힘을 키워나가자는 방향과 양반 관료의 부정부패를 척결하자는 방향으로 나타난다.

둘째, 서양의 중국 침략이다. 영국이 청나라를 침범한 전쟁을 아편전쟁(1840)이라고 한다. 영국은 국가 차원에서 아편 장사를 하다가 청나라가 아편 매매를 금지하고 아편을 몰수해 불태우자 이것을 빌미로 전쟁을 일으켰다. 전쟁에서 승리한 영국은 아편 장사를 하지 못해서 입은 손해액을 받아 내기까지 했다. 최제우가 새로운 사상을 모색하던 시기는 2차 아편 전쟁(1856)이 발발한 무렵이다. 2차 아편 전쟁은 중국 관리가 아편 밀수 선박인 애로우호를 수색하자 이것을 빌미로 영국·프랑스·러시아·미국 등이 연합해 일으킨 전쟁이다. 1860년 영국·프랑스 연합군은 중국에 상륙해 약탈·살인·방화·강간 등의 만행을 저지르며, 역대 황제들의 수집품을 보관해 둔 원명원(圓明園)을 태워 없애고 북경의 안정문(安定門)을 점령했다.

이 사건에 관한 소식이 이웃 나라인 우리나라에도 전해졌고 최제우도 이러한 소문을 전해 들은 것이다. 그 소문의 내용은, "서양 사람들은 '하늘님의 뜻에 따르는 것이지 부귀를 탐내는 것이 아니다.' 하면서 중국을 공격해 점령하고는 그곳에 예배당을 짓고 서학(西學)의 교리를 전파하고 있다."는 것이었다. 서양의 학문과 종교를 통틀어 '서학'이라고 하는데 여기에서는 서양의 종교, 곧 기독교를 가리킨다. 침략주의와 기독교가 결합해서, 천주의 뜻이라고 하며 남의 나라에 마약을 팔고 뜻대로 안 되자 전쟁을 일으키는 행태를 최제우는 받아들일 수가 없었다. 하늘님의 뜻에 따르는 것이라면 무력으로 다른 나라를 침략할 리가 없고 무력으로 다른 나라를 침략했다면 그것은 이미 하늘님의 뜻이 아니기 때문이다. 서양 사람들은 진심으로 하늘님을 섬기는 것이 아니라 장사꾼이 물건을 팔아 이익을 남기듯이 천주를 팔아 이기심을 채우는 것이며 이제 곧이어 우리나라를 침략할 것이라고 최제우는 생각했다. 이러한 인식을 바탕으로 최제우는 사람들에게 기독교의 위선과 위험성을 설파했는데, 최제우 이후의 동학 운동에서도 기독교와 침략주의에 대한 비판이 면면히 이어진다.

　최제우가 동학이라고 하는 새로운 사상을 세상에 내놓게 된 데에는 이처럼 성리학이 이제 더 이상 삶의 지표가 될 수 없다는 자각과 우리나라도 서양의 침략에서 벗어날 수 없다는 진단이 담겨 있다.

　이런 것을 고민하고 있던 사월 어느 날 갑자기 몸이 춥고 떨려 왔다. 병이 든 것도 아니었고 말로 표현하기도 어려운, 그런 상태에서 이런 꿈을 꾸었다.

　신선의 말씀이 들려와서 일어나 물었더니 "불안해하지 마라. 두려워하지 마라. 세상 사람들은 나를 상제(上帝)라 부르는데 너는 아직 상제를 모르느냐?" 하였다. 내게 나타난 까닭을 물으니, "사람들이 하늘의 이치에 순응하지 않아서 너를 세상에 내보내 하늘의 이치를 가르치려는 것이니 조금도 의심하지 마라." 하였다. "아니 그러면 사람들에게 서도(西道)를 가르치란 말입니까?" "그렇지 않다. 내게 영험한 부적이 있는데 그 이름은 선약(僊藥)이요, 그 모양은 태극(太極)이다. 내게서 이 영부(靈符)를 받아 세상의 질병으로부터 사람들을 구제하고, 내게서 이 주문(呪文)을 받아 사람들에게 하늘을 섬기도록 가르친다면 너 또한 새로운 모습으로 세상에 덕(德)을 펼치게 될 것이다."

　꿈에서 깬 뒤, 그 말에 감격하여 꿈에서 본 영부(靈符)를 정성껏 글로 써서 불에 태워 물에 타 마셨다. 그러자 벌써 몸에 생기가 돌고 춥고 떨리던 것이 나았다. 몸이 낫는 것을 보고 그것이 선약(僊藥)임을 알았다.

다른 사람들의 병에도 써 보았더니 어떤 사람은 차도가 있고 어떤 사람은 차도가 없었다. 어찌해서 그런 것인지 그 까닭을 알 수가 없어 세심히 살펴보니 성실하게 하늘님을 섬기는 사람들에게는 부적을 쓸 때마다 효험이 있었지만 도덕에 순응하지 않는 사람들에게는 효험이 없었다. 부적에 효험이 있는 것이 아니라 부적을 받는 사람의 성실함과 공경함에 따라 효험이 있기도 하고 없기도 한 것이 아니겠는가!

✤ 이 단락에는 영부(靈符), 선약(僊藥), 주문(呪文), 장생(長生) 등 도참(圖讖) 신앙과 관련 있는 용어들이 많이 등장한다. 《정감록(鄭鑑錄)》처럼 앞날의 길흉을 점쳐 놓은 서적을 도참(圖讖)이라고 하는데 그 당시에는 이러한 미신을 믿는 도참 신앙이 워낙 많이 유포되어 있었기 때문에 동학에도 이러한 요소가 다분히 섞여 있다. 부적으로 병을 고친다는 이야기도 이러한 사례다. 여기에서 주의할 것은, '이러한 미신에 현혹되지 말라.'는 취지에서 이러한 용어들을 사용하고 있다는 점이다. 뒤에서 다시 구체적으로 언급하겠지만 최제우는 '천당', '지옥', '신선', '궁궁촌'(弓弓村, 전쟁이 났을 때 대피할 수 있는 안전한 장소) 같은 말들을 '헛소리'로 일축하고, 이런 말을 믿고 따르는 종교 행태를 강도 높게 비판한다. 다만 이러한 종교 행태를 비판하기 위해 이러한 요소를 적극 활용하는 모습을 보이기도 한다. '올바르게 사는 것이 장생(長生)하는 길이다.', '올바른 마음가짐이 선약(僊藥)이다.', '마음이 바르지 못하면 부적은 아무 소용이 없다.', '궁궁촌은 계룡산에 있는

것이 아니라 마음에 있다.'는 발언들이 이러한 예다. 본문에서 "부적에 효험이 있는 것이 아니라 부적을 받는 사람의 성실함과 공경함에 따라 효험이 있기도 하고 없기도 한 것이다."라고 했듯이, 최제우는 항상 도덕성과 관련지어서만 영부(靈符), 선약(僊藥), 주문(呪文), 장생(長生) 등의 용어를 사용한다.

상제(上帝)는 천주(天主)와 같은 뜻이다. 이 말은 중국 고대 때부터 써 온 말인데 명나라에서 활동하던 이탈리아의 선교사 마테오 리치(1552~1610)가 《천주실의》에서 동양에서 말하는 상제가 바로 서학에서 말하는 천주라고 소개하면서부터 상제와 천주는 동의어로 사용되었다. 그런데 '천주를 상제로 이해하는 것'과 '상제를 천주로 이해하는 것' 사이에는 커다란 차이가 있다. 기독교에서 상제를 천주로 이해한 것은 상제를 '야훼'로 이해한 것이고, 동학에서 천주를 상제로 이해한 것은 천주를 '자연의 섭리'로 이해한 것이다. 동학에서도 천주라는 말을 사용하기 때문에 기독교의 아류라는 오해를 받았지만, 동학에서 말하는 천(天)은 '야훼'를 가리키는 것이 아니라 '자연의 섭리'를 의미하고, 주(主)는 '부모님', '선생님' 할 때의 '님'과 같은 뜻이다. 예부터 하늘을 가장 존귀한 것으로 여겨 왔기 때문에 '하늘'을 뜻하는 천(天) 자 뒤에 '님'을 뜻하는 주(主) 자를 붙여 천주라고 한 것이다.

본문에 나오는 신선과의 대화, 곧 상제와의 대화는 최제우 자신도

꿈인지 현실인지 구분이 안 되는 비몽사몽 중에 일어난 일이라고 말하고 있다. 최제우가 말하는 신선, 상제, 귀신은 모두 '양심'과 동의어다. 상제는 자연의 섭리를 의미하고 자연의 섭리가 그대로 표출된 것이 양심이기 때문에 최제우가 말하는 상제는 양심을 의미한다. 이에 대해서는 뒤에서 자세히 설명하기로 한다.

주문(呪文)은 이기심을 버리고 양심에 따라 도덕적으로 살겠다고 맹세하는 내용이다. 영부(靈符)는 마음 심(心) 자를 태극 모양으로 그려 넣은 부적인데, 이것을 불[火＝陽]에 태워 물[水＝陰]에 타 마셨다는 것은 음양(陰陽)의 조화를 의미한다. 마음속에 우주의 섭리가 함축되어 있다는 의미에서 이러한 부적을 사용했다. '효험이 매우 좋은 약'을 선약(僊藥)이라고 하는데, 가장 좋은 약은 '올바른 마음가짐'이라는 의미에서 본문에서는 영부를 선약으로 표현했다. 원문에는 장생(長生)이라는 말도 나오는데 이는 '새로운 탄생', '새로운 출발', '새로운 모습'을 의미하는 용어이다. 상제와의 대화, 주문, 영부, 선약, 장생 등은 모두 인간의 도덕성을 강조하기 위해 끌어들인 용어이다.

이 단락의 요점은 모든 일이 성(誠)과 경(敬)에 달려 있다는 것이다. 성(誠)은 자신을 속이지 않는다는 의미인데 자신을 속이지 않는다는 것이 생각만큼 그리 쉬운 일이 아니다. 사람으로 태어난 이상 이 세상을 살아가기 위해 욕심이 없을 수 없고, 욕심을 잘 다스리지 못하면 세상을 제대로 보지 못하기 때문이다. 사랑에 눈이 멀면 수단·방법을 가리지 않고, 재물에 눈이 멀면 부모 형제를 따지지 않으며 권력에 눈이 멀면 수백 명을 살상하고도 부끄러워할 줄 모르는 것이 사람이다. 그래서 유학자들은 가장 가치 있고 가장 어려운 일이 성실하게 사는 것이라고 생각했다. 성실하게 살기 위해서 가장 중요한 것이 인간의 존엄성을 스스로 깨닫는 것이다. '사람은 본래 이기적이고 악한 거야.', '내 능력은 이것밖에 안 돼.', '나는 성격이 원래 이래.' 하면서 스스로가 스스로를 포기하는 것은 전통적인 의미에서 성실하지 못한 것이다. 자신의 존엄성을 스스로 깨닫고 자신에게 잠재된 도덕성을 발휘하는 것이 성(誠)이라면, 그러기 위해서 늘 조심하는 것이 경(敬)이다.

세상 모든 일이 성실함과 공경함에 달려 있다는 것을 염두에 두고 지금 세상이 어떤 세상인지를 생각해 보자. 현재 우리나라에 고약한 질병이 만연하여 백성들이 사시사철 불안해하는 것도 우리나라가 크게 다칠 조짐이다. 또 서양은 싸웠다 하면 이기고 공격했다 하면 빼앗으며 이루지 못하는 것이 없고, 청나라는 거의 망해 가고 있다. 청나라가 망하면 이웃 나라인 우리나라가 위태롭지 않을 수 있겠는가! 상황이 이러한데도 나라를 바로 세우고 백성들을 편안케 하려는 방책은 나오려는 기미조차 보이지 않는다.

지금 세상 사람들은 이 나라, 이 백성이 위태롭다는 사실을 알지 못하니 참으로 안타까운 일이다. 내가 이런 말을 해도 마음속으로는 그런 게 아니라고 생각하고 내 말을 듣고 나가서는 길거리에서 이러쿵저러쿵 떠들어 대며 자연의 이치에 순응하려고 하지를 않는다. 참으로 두려운 일이다. 현명한 사람들도 혹 이런 말을 들으면 그런 게 아니라고 여길 것이다. 그러나 한탄만 한다고 해서 세상이 구제되는 것이 아니기에 내 뜻을 간단히 적어 내보이니 이 글을 쉽게 여기지 말고 곰곰이 생각해 보기 바란다.

✦ 서구 열강이 조선을 침략할 것이라는 최제우의 우려는 그가 죽은 뒤 병인양요(1866)와 신미양요(1871)를 통해 현실로 나타났다. 그러나 병인양요와 신미양요는 예고편에 지나지 않았다. 향후 조선은 서양의 여러 나라, 일본, 청나라, 러시아 등이 격돌하는 각축장이 되었고 결국 1910년 일본에게 나라를 빼앗기는 불행을 맛보아야 했다.

이런 상황을 참고하면서 다시 최제우의 한탄을 들어 보자. "청나라가 망하면 이웃 나라인 우리나라가 위태롭지 않을 수 있겠는가! 상황이 이러한데도 나라를 바로 세우고 백성들을 편안케 하려는 방책은 나오려는 기미조차 보이지 않는다. 지금 세상 사람들은 이 나라, 이 백성이 위태롭다는 사실을 알지 못하니 참으로 안타까운 일이다." 최제우의 이러한 우려와 한탄은 지극히 당연한 것이었다. 문제는, 이러한 고민이 영향력 있는 유학자나 관료들의 입에서 나온 것이 아니라 학식도 지위도 없는 사람에게서 나왔다는 점이다. 게다가 유학자와 관료들은 이러한 우려와 고민을 적극적으로 검토하기는커녕 통치 질서를 어지럽히고 정권 유지에 방해가 된다고 생각해서 그저 탄압하는 데만 혈안이 되어 있었다.

✳   ✳   ✳

◉《용담유사(龍潭諭詞)》로 보는 최제우의 시대 인식

〈포덕문〉을 통해 최제우가 동학을 제창하기까지의 시대 상황과 문제의식에 대해 살펴보았다. 양반 관료들의 탐학과 수탈로 백성들은 거리를 떠돌고 이기주의가 만연해 도덕은 땅에 떨어지고 사회의 불안정을 틈타 도참 신앙과 기독교가 기승을 부리는 사회 현상으로 볼 때 성리학으로는 더 이상 이 사회를 지탱할 수 없다는 것, 그리고 서양이 청나라를 침략하는 사태로 볼 때 우리나라도 서양의 침략에서 벗어날 수 없다는 것이 최제우의 문제의식이었다.

그러면 최제우는 이러한 내우외환(內憂外患)을 어떤 시각으로 바라보았는가? 〈포덕문〉과 거의 같은 시기에 지은 《용담유사》의 〈안심가(安心歌)〉를 통해서 이 점에 대해 살펴보고 다음 장으로 넘어가기로 하자.

《용담유사》는 '최제우가 사람들을 깨우치기 위해 지은 가사'라는 의미다. '용담(龍潭)'은 본래 최제우의 고향 땅 지명인데 여기에서는 최제우를 가리킨다. 최제우의 계승자인 최시형이 1881년 최제우의 한글 가사(歌詞)를 엮어 단행본으로 출간하며 붙인 이름이다.

《용담유사》에 수록되어 있는 글들은 리듬을 붙여 읽으며 쉽게 외울 수 있도록 장편 시조의 형태를 띠고 있는데, 이러한 형식의 글을 가사(歌詞)라고 한다. 《용담유사》에 수록된 글들은 한글 가사이기는 하지만 당시에는 한글이 발달하지 못했기 때문에, 한문의 음을 누구나 읽을 수 있는 한글로 표기했다는 정도밖에는 한글로서의 의미를 크게 부여하기가 어렵다. 또 노랫말 형식을 띠고 있기는 하지만 150년이 흐르는 동안 일상 언어와 문화가 많이 변해서 그 느낌이 직접 와 닿기를 기대하기도 어렵다. 이해를 돕기 위해 아래 발췌문에서는 가능한 선에서 현대 표기법으로 바꾸고 한자를 덧붙여 놓았지만 여기에서 《용담유사》에 대해 언급하는 것은 최제우의 두 저서 중 다른 하나인 《용담유사》의 형태와 내용을 간략히 소개하려는 것이니, 단어의 의미를 이해하려고 노력하지 말고 이런 형태로 되어 있다는 것만 확인하고 가볍게 읽고 지나가기 바란다. 중요한 구절에 대해서는 발췌문 뒤에서 설명을 덧붙이기로 한다.

> 그 모르는 처자들은 유의유식(遊衣遊食) 귀공자를
> 흠선(欽羨)해서 하는 말이 신선인가 사람인가
> 일천지하(一天之下) 생긴 몸이 어찌 저리 같잖은고.
> 앙천탄식(仰天歎息) 하는 말을 보고 나니 한숨이요
> 듣고 나니 눈물이라. 내 역시 하는 말이
> 비감회심(悲感悔心) 두지 말고 내 말 잠깐 들었어라.

호천금궐(昊天金闕) 상제님도 불택선악(不擇善惡) 하신다네.
자조정공경(自朝廷公卿) 이하 하늘님께 명복(命服) 받아
부귀자(富貴者)는 공경(公卿)이오 빈천자(貧賤者)는 백성이라.
우리 또한 빈천자로 초야(草野)에 자라나서
유의유식 귀공자는 앙망불급(仰望不及) 아닐런가.
복록(福祿)은 다 버리고 구설앙화(口舌殃禍) 무섭더라.
졸부귀(猝富貴) 불상(不祥)이라 만고유전(萬古遺傳) 아닐런가.
공부자(孔夫子) 하신 말씀 안빈낙도(安貧樂道) 내 아닌가.
우리라 무슨 팔자 고진감래(苦盡甘來) 없을쏘냐.

| 뜻풀이 | • 유의유식(遊衣遊食) 귀공자: 입을 것과 먹을 것이 풍족한 양반집 아
들. • 흠선(欽羨)하다: 부러워하다. • 일천지하(一天之下): 같은 하늘 아래. • 어찌
저리 같잖은고: 어찌 저리 잘생겼을까! • 앙천탄식(仰天歎息): 하늘을 우러러 탄
식하다. • 비감회심(悲感悔心): 슬퍼하고 서러워하다. • 호천금궐(昊天金闕): 금으
로 만든 대궐보다 부귀한 것이 저 하늘이라는 의미에서, 하늘을 형용한 말. '세
상에서 가장 고귀하고 부귀한 것이 하늘님이다.'는 의미를 함축한다. • 불택선
악(不擇善惡): 선악을 가리지 않다. 여기에서 선악(善惡)은 도덕적인 선악을 의미
하는 것이 아니라 좋고 나쁨 곧 부귀와 가난 또는 양반과 상민을 가리키는 것으
로, '불택선악'은 부귀와 가난으로 사람을 차별하지 않는다는 의미다. • 호천금
궐(昊天金闕) 상제님도 불택선악(不擇善惡) 하신다네: 이 구절은 다음과 같이 풀어
쓸 수 있다. '세상에서 가장 고귀하고 가장 부유한 하늘님조차도 부귀한 사람과
빈천한 사람을 똑같이 존중하는데 하물며 세상 어느 누가 우리를 빈천하다고
무시한단 말이냐? 하늘님도 빈천한 우리를 이처럼 존중하는데 우리 스스로 우
리를 하찮게 여겨서야 되겠는가!' • 자조정공경(自朝廷公卿) 이하: 조정의 고위 관

료인 공경(公卿)들부터 그 이하(가장 미천한 사람들까지). 읽을 때는 의미와 상관없이 '자조정, 공경이하'로 끊어 읽게 된다. •**앙망불급**(仰望不及): 부러워해도 아무 소용이 없다. •**복록**(福祿): 여기에서는 '행복한 삶'을 의미한다. •**구설앙화**(口舌 殃禍): 다른 사람들의 비난. •**졸부귀**(猝富貴): 벼락부자. •**불상**(不祥): 상서롭지 못하다. •**만고유전**(萬古遺傳): 옛날부터 전해 내려오다. •**공부자**(孔夫子): 공자. •**안빈낙도**(安貧樂道): 도(道)를 실천하는 즐거움에 빠져 가난의 불편과 고통조차 도 잊고 살다. •**고진감래**(苦盡甘來): 힘든 일이 지나가면 즐거운 일이 다가온다. 여기에서는 이 사회가 양반 중심 사회에서 민중 중심 사회로 전환되고 있다는 의미로 쓰였다.

평민으로 태어난 사람은 양반으로 태어나지 못한 것을 한탄하며 양반을 부러워하기 마련이다. 살림이 넉넉지 못한 상민의 딸들은 한 편으로는 살림이 넉넉한 양반 집 아들을 부러워하며, "같은 하늘 아 래 태어났는데 양반 집 아들은 어찌 저리 잘생겼을까! 신선인지 사람 인지 구분을 못하겠어." 하며 부러워하고 다른 한편으로는 그렇지 못 한 자신의 신세를 한탄한다. 하지만 최제우는 처자들의 이런 태도를 매우 답답하게 생각한다. 최제우는 왜 상민 집 처자들의 이런 태도를 답답하게 생각했을까? 그 이유에 대해 생각해 보자. 이 물음에 대한 답변 속에, 그 당시의 내우외환(內憂外患)을 바라보는 최제우의 시각 이 담겨 있다.

첫째, 인간은 평등하다는 시각 때문이다. 인간이 평등하다는 것은 요즈음은 상식에 속하지만 태어날 때부터 신분이 정해져 있던 조선 시대에는 이렇게 이야기하면 반역죄에 해당한다. 빈천한 상민이 어떻게 부귀한 양반과 동등한 대접을 받을 수 있겠는가? 조선 시대 사람들은 마음속으로 자신의 신세를 한탄할 뿐 인간이 평등하다는 생각은 마음에 품을 수조차 없었다. 최제우는 이러한 타성에 젖은 사고를 뛰어넘어, "세상에서 가장 고귀하고 가장 부유한 하늘님조차도 부귀한 사람과 빈천한 사람을 똑같이 존중하는데 하물며 세상 어느 누가 우리를 빈천하다고 무시한단 말이냐? 하늘님도 빈천한 우리를 이처럼 존중하는데 우리 스스로 우리를 하찮게 여겨서야 되겠는가!" 하며 우리 스스로 인간의 존엄성을 자각해야 한다고 주장한다. 부귀한 집에서 태어나느냐 빈천한 집에서 태어나느냐 하는 것은 단지 주어진 운명일 뿐이다. '이러한 운명을 가지고 사람을 양반과 상민으로 나누어 차별하는 것은 양반의 논리지 하늘의 이치가 아니다. 우리는 이러한 논리에 휘말려 우리 스스로 우리를 하찮게 여겨서는 안 된다. 우리 스스로 우리의 존엄성을 자각해야 한다.'라고 생각한 것이다.

둘째, 다 함께 잘사는 세상을 만들어 보자는 시각 때문이다. 현대의 문제점으로 접근해 보자. 조선 시대의 상민이 양반을 부러워하듯이 현대의 가난한 사람들도 부유한 사람들을 부러워하고 부유한 사람이 되기를 희망하여 경쟁은 날이 갈수록 치열해진다. 문제는 경쟁의 방식이다. 한평생 노동을 해도 집 한 채 마련하기가 어려운 실정이기 때문에 누구나 부동산 투기 같은 손쉬운 방식을 찾는다. 이와 유사하게 조선 후기에도 빚을 내어 돈으로 벼슬을 사는 일이 다반사였다. 생존의 문제가 걸려 있기 때문에 이러한 세태를 개인의 도덕성 문제로 바라보면 문제의 본질을 정확하게 파악하기가 어렵다. 경쟁의 구조가 그들을 그렇게 내몰았다는 점을 이해해야 한다. 한평생 열심히 노동하는 것만으로도 잘살 수 있는 세상이라면 굳이 부동산 투기로 타인의 행복을 빼앗아 자신의 행복을 채우지는 않을 테고, 마찬가지로 열심히 농사짓는 것만으로도 잘살 수 있는 세상이었다면 굳이 돈으로 족보와 벼슬을 사서 농민을 수탈하는 일에 가담하지는 않았을 것이다. 최제우가 보통 사람들보다 뛰어난 점은 부유한 사람이 되기를 소망한 것이 아니라 가난한 사람도 잘사는 세상을 소망했다는 점이다. 어찌어찌해서 혼자 출세해 보겠다는 소망이 아니라 민중 일반이 다 함께 잘사는 세상을 소망했다는 점이 최제우의 특출함이다. "부귀한 양반집 아들을 부러워한들 무슨 소용이 있느냐? 그나마 있던 행복조차 다 잃어버리고 양반집 아들을 따라다닌다는 비난만 받을 뿐이다. 벼락부자가 상서롭지 못하다는 것은 옛날부터 전해 오는 말이 아니더냐!"라고 한 것이 이러한 의미를 담은 표현이다.

셋째, 새로운 세상이 열리고 있다는 시각 때문이다. 안빈낙도(安貧

樂道)는 양반 학자 중에서도 상당한 경지에 있는 사람만이 품을 수 있는 경지인데 최제우는 발췌문에서 상민의 안빈낙도를 말하고 있다. 최제우 이전에 평민의 안빈낙도를 말한 사람은 단 한 사람도 없었다. '고진감래(苦盡甘來)'는 '힘든 일이 지나가면 즐거운 일이 온다.'는 뜻인데 여기에서는 이 사회가 양반 중심 사회에서 민중 중심 사회로 전환할 것임을 확신하는 표현으로 쓰였다. 이 점에 대해서는 아래의 글을 통해 좀 더 자세히 살펴보자.

거룩한 내 집 부녀(婦女) 이 글 보고 안심하소.
소위 서학(西學) 하는 사람 암만 봐도 명인(名人) 없대
서학이라 이름하고 내 몸 발천(發闡)하렸던가.
(중략)
가련하다, 가련하다, 아국(我國) 운수 가련하다.
전세(前歲) 임진(壬辰) 몇 해던고, 이백사십 아닐런가.
십이제국(十二諸國) 괴질(怪疾) 운수, 다시 개벽(開闢) 아닐런가.
요순성세(堯舜盛世) 다시 와서 국태민안(國泰民安) 되지마는
기험(崎險)하다, 기험하다, 아국 운수 기험하다.
개 같은 왜적 놈아, 너의 신명(神明) 돌아보라.
너희 역시 하륙(下陸)해서 무슨 은덕(隱德) 있었던가.

| 뜻풀이 | • 부녀(婦女): 아내와 딸. • 명인(名人): '유명한 사람'이라는 뜻이지만 보통 '어느 방면에 훌륭한 사람'을 뜻한다. • 발천(發闡): '드러내다'는 뜻인데 여

기에서는 '이름을 드날리다'는 의미로 쓰였다. •**아국**(我國): 우리나라. •**전세**(前
歲) **임진**(壬辰) **몇 해던고**: 예전의 임진왜란이 언제 일어났던가. •**십이제국**(十二
諸國): 동북아를 침략한 여러 나라. 일본과 러시아 그리고 서양 여러 나라를 아
울러 이르는 말이다. •**괴질**(怪疾): '몹쓸 질병'을 뜻하는데, 최제우는 행복한 삶
을 파괴하는 모든 행태를 괴질이라는 말로 표현한다. •**요순성세**(堯舜盛世): 요
임금과 순임금이 다스리던 행복한 시절. •**국태민안**(國泰民安): '외국의 침략이
없고 백성이 편안하게 사는 것'을 이른다. •**기험**(崎險)**하다**: 위험하다. •**신명**
(神明): 여기에서는 '정신머리'와 같은 말로 쓰였다. •**하륙**(下陸): '육지에 내리다'
는 뜻으로 우리나라를 침략한 일을 가리킨다. •**은덕**(隱德): 여기에서는 '이익'의
의미로 쓰였다.

  윗글에는 서양과 일본이 우리나라를 침략할 것이라는 우려와 이
위기를 잘 극복하면 새로운 세상이 도래할 것이라는 희망이 섞여
있다. "위태롭다, 위태롭다. 우리나라의 운수가 위태롭다."는 말에
는 침략에 대한 우려가 담겨 있고, "서양 여러 나라와 일본, 러시아
가 동북아를 침략하고 있는 이 시대의 불행은 새로운 세상이 열려 가
는 과정일 것이다."는 말에는 침략에 대한 우려와 함께 새로운 세상
에 대한 희망이 담겨 있다.
  앞에서 설명한 대로 개벽(開闢)은 민중이 존중받는 새 세상을 의미
한다. 일본과 서양 여러 나라가 동양을 침략하는 행태는 한편으로는
몹쓸 질병 같은 것이지만 다른 한편으로는 민중이 존중받는 새 세상
이 도래하고 있다는 징조라고 최제우는 보고 있다. 최제우의 계승자

최시형은 개벽의 때를 다음과 같이 말하고 있다. "모든 산이 푸르러지고 모든 길에 비단이 깔릴 때, 그리고 만국(萬國, 십이제국)의 병마(兵馬, 군대)가 이 땅에 들어왔다가 이 땅에서 물러갈 때, 그때가 바로 후천 개벽(後天開闢)의 때다."

2

논학문(論學文)

동학과 서학

제2편 _ 논학문(論學文)

동학과 서학

　동학이 세상에 퍼지자 민중은 뜨겁게 호응했고 유학자들은 거세게 비판했다. 동학이 민간에 급속히 퍼진 것은 양반과 상민의 차별을 부당한 것으로 보았기 때문이다. 부패한 관리들에게 수탈당하던 민중들에게 평등은 가문 날의 단비였다. 반면에 유학자들은 이름만 동학일 뿐 실제 내용은 서학과 같다고 하며 동학을 기독교의 아류로 몰아갔다. 기독교도로 몰리면 죽음을 면하기 어려웠던 때였기에 동학이 기독교와 유사하다는 비판은 동학에 큰 위기가 닥쳤음을 의미한다.

　서원과 관아에서 동학을 배척하는 움직임을 보이자 최제우는 1861년 겨울 경상도 경주를 떠나 전라도 남원으로 간다. 그리고 교룡산성이라는 곳에 있는 선국사(善國寺)에 방 하나를 얻어 은적암(隱蹟庵)이라 이름 짓고 이곳에 6개월 남짓 머물면서 동학의 뼈대가 되는 글들을 집필한다. 암행어사의 임무를 띠고 최제우를 체포한 정운구는 임금에게 올리는 보고서에서 "최제우의 글 중에서도 최제우가 동학의 괴수가 되는 근거가 상세히 기록되어 있는 글이 〈논학문〉입니다."라고 했는데, 〈논학문〉도 1862년 1월 이곳에서 집필했다.

　〈논학문〉에서 살펴볼 중심 내용은 동학과 서학의 유사점과 차이점이다. 당시 기독교는 양반과 상민, 남자와 여자, 적자와 서자를 차별하지 않았기 때문에 민중의 호응을 얻고 있었다. 동학의 주요 논지도 하늘 아래 양반과 상민의 차별이 있을 수 없다는 것인데, 이러한 발상은 기독교의 영향을 받은 것이다. 그래서 기독교와 마찬가지로 동학에서도 천주라는 말을 사용하고 기독교에서 주기도문을 외우듯이 동학에서도 주문을 외운다. 그러나 동학과 기독교 사이에는 근본적인 차이점이 있다. 첫째, 기독교에서 신분에 차별이 없다고 말하는 것은 상민도 천당에 갈 수 있다는 의미지만 동학에서는 천당이니 지옥이니 하는 말을 허황된 것으로 보기 때문에 지금 이 세상에서의 평등을 주장한다. 둘째, 기독교에서는 개인 단위로 천당에 가거나 지옥에 가는 것이지만 동학에서는 개인의 운명이 공동체의 운명에 종속되어 있는 것으로 본다. 셋째, 기독교에서는 자신의 마음을 비우고 천주를 받아들이는 데 역점을 두지만 동학에서는 내 양심이 곧 하늘이라고 보기 때문에 양심 밖에 하늘이 별도로 존재한다고 보지 않는다. 자신의 마음을 비움으로써 도덕성이나 종교성을 실현하려는 태도와 자신의 양심에 전적으로 의존함으로써 도덕성이나 종교성을 실현하려는 태도 사이에는 커다란 철학적 차이가 있다.

최제우가 〈논학문〉에서 동학과 서학은 근본적인 차이점이 있다고 밝히고 있으나 유학자들의 비판은 점점 거세졌다. 동학에 대한 유학자들의 강경한 비판은 동학이 실제로 기독교의 아류였기 때문이 아니다. 동학이 유학자들에게 배척 받은 실질적인 이유, 기독교보다 더 탄압받은 근본적인 이유는 양반과 상민으로 이루어진 신분 질서를 전면 부정했기 때문이었고 동학으로 몰려드는 사람이 셀 수 없이 많아 당시의 지배자들을 두렵게 만들었기 때문이었다. 1886년 이후 기독교는 신앙의 자유를 확보해 가지만 동학은 그 이후에도 여전히 탄압받았다는 사실이 이를 뒷받침해 준다.

논학문

(1) 최제우의 고민

천도(天道)는 형체가 없지만 자취가 있고, 지리(地理)는 광대하지만 방위가 있다. 그러므로 하늘에 구성(九星)이 있어 구주(九州)에 상응하고 땅에 팔방(八方)이 있어 팔괘(八卦)에 상응하니, 끊임없이 변화하면서도 변화의 질서가 뒤바뀌는 일이 없다. 세상 모든 생물이 음·양의 조화에서 나오지만 사람만이 영명(靈明)한 마음을 지니고 있다. 그래서 하늘과 땅과 사람을 삼재(三才)라 하고, 사물의 특성을 나타내는 목·화·토·금·수를 오행(五行)이라 한다. 오행이란 무엇인가? 하늘은 오행(五行)의 벼리요, 땅은 오행의 바탕이다. 오행의 벼리인 하늘과 오행의 바탕인 땅이 만나 만물이 생겨나며 사람은 그중에서 가장 빼어난 기(氣)로 이루어졌다. 하늘과 땅과 사람을 삼재로 정한 이유를 여기에서 알 수 있다.

사계절이 순환하며 반복하니 봄에는 남풍이 불고 여름에는 이슬이 내리며 가을에는 서리가 내리고 겨울에는 눈이 온다. 사계절의 변화는 때를 잃는 법이 없고 순서가 뒤바뀌는 법이 없다. 아침에 잠시 맺혔다가 사라지는 이슬처럼 짧은 세월을 살다 가는 사람들로서는 그러한 까닭을 알 길이 없어 어떤 사람은 하늘님이 은택을 내리는 것이라 말하고 어떤 사람은 하늘님이 이렇게 창조해 놓은 것이라 말한다. 그러나 하늘님의 은택이라는 것도 확인할 수 없는 말이요, 창조해 놓았다는 것 또한 근거가 없는 말이다. 이런 말로는 옛날부터 지금까지 어김없이 질서 정연하게 되풀이 되는 자연 현상을 설명할 수가 없기 때문이다.

✦ 천도(天道)는 행성이 움직이는 길이다. 그 길이 우리 눈에 보이지는 않지만 궤도가 있기에 천도라고 한다. 지리(地理)는 지구를 의미한다. 조선 시대 사람은 중국을 문명의 중심지로 보았기 때문에 중국의 구주(九州)를 지구상의 모든 지역을 총칭하는 표현으로 사용했다. 구성(九星)은 하늘의 모든 별을 총칭하는 표현이고, 팔괘(八卦)는 지구상에 존재하는 모든 사물과 사태를 총칭하는 표현이다.

만유인력의 법칙은 눈에 보이지 않지만 물체가 위에서 아래로 떨어지는 낙하 현상으로 나타나듯이 자연의 섭리는 눈에 보이지 않지만 자연 현상으로 나타난다. 별들의 움직임이 질서 정연한 것이나 사계절의 변화가 변함없이 되풀이 되는 것도 자연의 섭리가 현상으로 드러난 것이고, 지구가 넓기는 하지만 동서남북이라는 방위가 있어 지도를 그릴 수 있고 지도를 보며 원하는 지역을 찾아갈 수 있는 것도 이 세상이 자연의 섭리에 따라 질서 정연하게 구성되어 있음을 보여 주는 것이다.

이러한 언급에서 주목할 것은 동·서 세계관의 차이다. 기독교에서는 자연 현상을 '야훼의 은총'으로 설명한다. 야훼가 없으면 사계절도 있을 수 없고 야훼가 마음만 먹으면 봄 대신 가을이 오게 할 수도 있으며 30년 동안 겨울이 지속되게 할 수도 있다. 동양에서는 이러한 생각을 철저히 경계해 왔다. 예를 들어 노자는 "하늘과 땅은 어질지 않다. …… 성인도 어질지 않다."라고 말한다. 만약 하늘이 '저 사람은 착하고 예쁘고 똑똑한 사람이니까 500년 동안 살게 해 주자!'라고 한다면 어떻게 될까? 반대로 '저 사람은 악행을 서슴지 않는 사람이니까 교통사고로 죽게 만들자!'라고 한다면 어떻게 될까? 하늘이 그러한 존재라면 사람들은 하늘한테 잘 보이기 위해서 줄을 서야 한다. 말 잘 듣는 순서로 등수를 매겨, 등수 안에 들면 복을 받을 것이고 등수 밖으로 밀려나면 벌을 받을 것이다. 공평무사한 하늘은 결코 이런 짓을 하지 않는다는 것이 동양의 전통 사상이다. 만약 하늘이 '사사로운 의지'를 가졌다면 그 자체로 이미 하늘이 아니다. '저절로 그러하다'는 뜻의 자연(自然)이라는 말에 잘 나타나 있듯이 일체의 자연 현상은 다른 존재가 의지를 가지고 개입하는 것을 허용하지 않는다.

기독교에서는 이 세상을 '야훼의 창조'로 설명한다. 신의 의지에 의해 창조되었다는 것은 시작과 끝이 있음을 의미한다. 이에 반해 동양에서는 시작도 없고 끝도 없다고 생각해 왔다. 《노자》에서는 "되돌아오는 것이 도(道)의 움직임이다."라고 했고, 《주역》에서는 "가기만 하고 되돌아오지 않는 그러한 이치는 없다."라고 했다. 봄→여름→가을→겨울→봄으로 순환하는 일을 무한히 반복하는데 무엇이 처음이고 무엇이 끝이냐는 것이다.

〈논학문〉첫 부분에서 새삼 동양의 전통적인 세계관을 언급한 것은 뒤에서 동학과 서학의 차이를 말하기 위함이다. 동양의 세계관에서 우주는 자연(自然, 저절로 그러함)이며 다른 존재의 간섭을 허용하지 않는다. 반면 서양의 종교인 기독교에서는 신이 우주를 창조하고 신이 인간에게 복과 재앙을 내린다고 생각한다. '동양과 서양은 이렇게 세계관부터 전혀 다른데 동학이 어떻게 서학을 받아들일 수 있느냐? 동학과 서학은 전혀 다른 것이다.' 최제우는 이런 말을 하고 있는 것이다.

1860년 4월이었다. 세상은 어지럽고 인심은 각박한데, 이 세상을 어찌 살아야 할지 갈 길을 찾지 못하고 있었다. 게다가 세간에는 "서양 사람들은 도(道)가 이루어지고 덕(德)이 세워져서 조화를 부리는 경지에 이른지라 못하는 일이 없다. 그 사람들이 무기를 들고 나오면 당할 사람이 없다."는 해괴망측한 말들이 떠돌고 있었다. 입술이 없으면 이가 시린 법인데 중국이 망하면 이웃 나라인 우리나라가 어찌 위태롭지 않겠는가! 아무리 생각해 봐도 서양 사람들이 다른 나라를 침략하는 데는 다른 이유가 없다. 서양 사람들은 자기네 학문을 서도(西道)라 부르고 천주를 섬긴다 말하고 성인의 가르침을 가르치는 것이라 말하지만, 이것은 하늘의 때를 알고 하늘의 명을 받은 것이 아니다. 그렇지 않은가? 다른 나라를 무력으로 침략하면서 말로는 천주를 섬긴다고 하니, 행동과 말이 이처럼 상반되는 경우가 하나 둘이 아니다. 그 때문에 나는 두려움에 떨고 있었다.

✤ 최제우가 동학을 포교하던 시기에 기독교도 민간에 급속히 퍼지고 있었다. 기독교에서도 양반과 상민, 남자와 여자, 적자와 서자를 차별하지 않기 때문에 민중의 호응을 얻고 있었다. 이런 상황에서 최제우가 기독교를 크게 경계한 것은 서양의 중국 침략에서 드러나는 언행의 불일치 때문이었다. '말로는 천주를 섬긴다고 하지만 남의 나라를 침략해서 온갖 악행을 저지르는 것을 보면, 이는 천주를 섬기는 게 아니다.'는 것이 최제우의 상식적인 판단이었다.

남의 나라를 침략하는 것도 하늘님의 뜻에 따르는 것이라는 논리는 옛날만 그런 것이 아니다. 미국의 41대 대통령인 조지 허버트 워커 부시는 1991년 1월 걸프전을 일으키면서 중동 지방의 석유를 장악하기 위해서 전쟁을 일으킨다고는 말하지 않았다. 오히려 이라크를 공격하기에 앞서 세계 평화를 위해 기도했다. 조지 허버트 워커 부시의 아들이며 미국의 43대 대통령인 조지 워커 부시 또한 2003년 이라크 전쟁을 일으키면서 중동 지방의 석유를 장악하기 위해 전쟁을 일으킨다고는 말하지 않았다. 오히려 조지 워커 부시는 어느 평화 회담에서 다음과 같이 말했다. "나는 신의 명령에 따라 움직인다. 신이 내게 명령했다. '조지! 아프가니스탄에 가서 테러리스트와 싸워라.' 그래서 나는 그렇게 했다. 신이 또 내게 명령했다. '조지! 이라크로 가서 독재를 끝장내라.' 그래서 나는 또 그렇게 했다." 이것이 바로, '하늘님의 뜻에 따르는 것이지 부귀를 탐내는 것이 아니다.'라고 하면서 무력으로 다른 나라를 침략하는 것이다.

'이 세상을 야훼의 은총과 야훼의 창조로 이해하는 서학과 이 세상을 자연과 순환 반복으로 이해하는 동학은 애초부터 다르며, 게다가 서양 사람들은 말로는 천주를 섬긴다고 하면서 남의 나라를 침략하는 악행을 일삼는다.'는 것이 위에서 살펴본 최제우의 주장이다. 하지만 민중들은 기독교의 정체를 모른 채 기독교에 휩쓸리고, 양반들은 신분 질서의 틀에 얽매여 민중의 열망에 귀 기울이지 않았기 때문에 최제우는 이러한 상황을 고민하지 않을 수 없었다. '신분제를 철폐해 백성들을 편케 하는 방책은 무엇일까? 일부 민중들은 기독교를 그 방책으로 생각한다. 그러나 유학자들이 지적하듯이 기독교는 매우 위험한 것이다. 청나라를 침략하는 행태만으로도 그 위험성은 충분히 나타난 것이 아닌가? 이와는 반대로 유학자들은, 평등한 세상에 살고 싶다는 민중의 열망을 기독교가 어느 정도 수용하고 있다는 사실을 전혀 인정하지 않는다. 어떻게 하면 상반되는 이 두 가지 요소를 동시에 충족시킬 수 있을까? 신분제를 철폐하여 백성들을 편케 하고 그러면서도 기독교의 위선을 폭로하여 나라를 굳게 지키는 방책은 무엇일까?' 이것이 최제우의 고민이었고, 이 고민에 대한 답변이 동학이었다.

(2) 양심이 하늘이다

좋은 말은 서학에서 이미 다 사용하고 있어서 그저 늦게 태어난 것을 한탄하고 있던 어느 날, 몸에 몸살기가 돌면서 밖으로는 신령(神靈)과 접하는 기운이 일어났고 마음속에서는 가르침을 전하는 음성이 들려왔다. 보이는 듯해도 눈으로 볼 수가 없었고 들리는 듯해도 귀로 들을 수가 없었다. 괴상한 일이라 여겨서 마음을 차분히 가라앉히고 물어보았다. "어찌하여 이런 일이 일어나는 것입니까?" "내 마음이 곧 네 마음이다. 사람들이 그것을 어찌 알겠는가? 사람들은 천지는 알면서도 귀신은 모르는데 귀신(자신의 마음)이 바로 나(상제의 마음)다. 네게 모든 일에 통용되는 도(道)를 전해 줄 터이니 그 도(道)를 수련해서 글을 지어 사람들에게 가르치고 법을 바로 세워 덕(德)을 펼쳐라. 네가 새로운 모습으로 이 세상에 덕(德)을 펼치게 하고자 함이다." 그 말이 참말인지 마귀에게 홀린 것인지 한 해 동안 수련하며 생각해 보니 모두 자연의 이치를 말한 것이었다. 그 말을 확신하고 나서 '본 주문'(本呪文)을 짓고 '강령 주문'(降靈呪文)을 짓고 '불망 주문'(不忘呪文)을 지어 순서를 정해 배열하니 스물한 자가 되었다.

✢ 최제우는 1860년 4월 5일의 일을 자주 언급한다. 몸살을 앓는 것처럼 몸이 덜덜 떨리고 한기(寒氣)를 느끼던 중 꿈을 꾸었는데, 이때의 체험이 깨달음의 계기가 되었다고 한다. 이 일을 종교적인 신비 체험으로 이해해서는 안 된다. 왜냐하면, 최제우 자신이 이 일을 확

대 해석하는 것을 경계하고 있어서다. 여기에서 주목할 것은 두 가지다. 첫째, 1859년 10월부터 1860년 4월까지 자신이 처한 시대 상황에 대해 지속적인 고민을 하고 있었다는 점이다. 아르키메데스가 목욕탕에서 부력의 원리를 발견한 것도 그만큼 순금으로 만든 왕관을 식별하는 방법에 대해 고민하고 있었기 때문이다. 사과나무에서 사과가 떨어지는 것은 누구나 볼 수 있는 현상이지만 뉴턴에게 특별한 의미가 되었던 것은 그만큼 만유인력에 대해 깊이 고민하고 있었기 때문이다. 최제우의 체험도 이와 똑같은 것이다. 고민의 내용은 위에서 상세히 설명했다.

둘째, 1860년 4월의 일은 깨달음의 완성이 아니라 깨달음의 계기였다. 최제우 자신이 "이것은 비몽사몽 중에 일어난 일이고 말로 표현하기 어려운 일이었다."고 말한다. 뒤에서 상세히 설명하겠지만 최제우에게 '말'이란 특별한 의미를 띤다. 그 의미에 따르면, 여기에서 "말로 표현하기 어려운 일이었다."는 것은 '꿈속의 대화가 믿을 만한 것인지 아니면 헛것에 홀린 것인지 구분할 수가 없었다.'는 의미다. 오지영(吳知泳)의 《동학사(東學史)》에 의하면, 이 일을 겪은 뒤 최제우는 "꿈속에서 하늘님이 한 말이 정말 하늘님의 본심이라면 하늘님도 정상이 아니다."라고 말했다. 〈안심가〉에는 '나는 미친 게 아니니까 안심하라.'고 처자식을 안심시키는 내용이 나온다. 최제우를 지켜보던 처와 자식들은 최제우가 미쳤다고 생각했고 최제우 자신도 미친 건지 아닌지 구분이 안 된다고 생각했다. 그래서 최제우는 1860년 4월부터 1861년 6월까지 1년여 동안 이것이 참말인지 거짓말인지 확인하는 과정을 거친다. 자신의 생각을 유학의 경전들과 하나하나 대조해 보고 나서야 비로소 자신의 생각에 확신을 갖게 된다.

본문에 '귀신'이라는 말이 등장한다. 보이지는 않는데 드러난 결과가 있을 때 귀신(鬼神)이라는 말을 사용한다. 사람을 감쪽같이 속일 때도 귀신같다고 표현한다. 분명 속이기는 속였는데 어떻게 속였는지를 알 수 없다는 의미다. 금방 눈앞에 있던 물건이 사라지고 없을 때 귀신이 곡할 노릇이라고 말한다. 분명 사라지기는 사라졌는데 어디로 어떻게 사라졌는지 모르겠다는 의미다. 자취, 흔적, 결과는 있는데 눈에 보이지 않는 것, 그 대표적인 것이 사람의 마음이다. 최제우가 말하는 귀신은 바로 사람의 마음을 가리킨다. 최제우뿐만 아니라 유학자들은 마음의 작용을 곧잘 귀신으로 표현하거나 귀신에 비유했다.

귀신은 한편으로는 마음을 의미하고 다른 한편으로는 "귀신이 바로 나다."는 말에 나타나 있듯이 상제를 의미하기 때문에 결국 마음과 상제는 같은 것이다. 본문에서도 "내 마음이 곧 네 마음이다."라고 하며 이 점을 분명히 하고 있다. 사람에게는 누구나 양심이 있는데 그 양심이 바로 하늘이라는 의미다. 최제우는 《용담유사》의 〈도덕가〉에서도 인심(人心)이 곧 천의(天意)라고 하면서 다음과 같이 말한다. "천상의 상제님이 하늘 궁전에 계시다고 보는 듯이 말을 하니 음양 이치 고사하고 허튼 소리 아닐런가." 또 최제우를 계승한 최시형은, "사람이 바로 하늘이다. 사람 밖에 하늘이 따로 있는 것이 아니고 하늘 밖에 사람이 따로 있는 것이 아니다."라고 했다. 최제우의 깨달음은 "양심이 하늘이니 양심을 존귀한 하늘처럼 소중하게 받들라."는 것이었고, 양심에 따라 사는 것이 곧 자연의 이치에 순응하는 길이라는 것이었다. 서학에서는 야훼를 절대 존재로 보기 때문에 양심을 인정하지 않는다. 반면 동학에서는 하늘이 따로 있는 것이 아니라 양심이 바로 하늘이라고 말한다. 하늘님을 내 밖의 존재로서 섬기는 것과 양심이 바로 하늘이라고 보는 것은 전혀 다른 이야기다. 이 것이 동학과 서학의 핵심적인 차이다.

　본문에 '도'(道)라는 말이 나온다. 도(道)는 길을 뜻하는 말이지만 옛날부터 방법을 뜻하는 말로도 함께 쓰였다. 문명 시대 초기에 성인이 출현해서 자연의 이치[天道(천도)]를 밝혀 놓았다고는 하지만 자연의 이치에 따르는 방법[人道(인도)]을 모르면 자연의 이치에 순응할 수가 없다. 본문에 나오는 도(道)는 '자연의 이치에 따르는 방법'을 의미하는 것으로 덕(德)과 별 차이가 없다. 이 말을 통해 동학과 서학의 차이를 한 번 더 살펴보자. 최제우에 의하면, 사람은 누구나 자연의 이치에 순응할 수 있는 방법을 지니고 태어났으니 그것이 곧 양심이다. 양심이 바로 도(道)이고, 양심에 따라 사는 것이 바로 자연의 이치에 순응하는 것이다. 그렇다면 개인의 양심을 인정하지 않는, 다시 말해서 절대 존재 앞에서 마음을 텅 비울 것을 요구하는 서학은 어떻게 되는 것인가? 최제우의 시각에서 바라보면, 하늘님을 섬긴다고 말하지만 하늘님을 섬기는 방법을 모르는 것이다. 앞에서 살펴본 〈포덕문〉의, '말로는 하늘님을 섬긴다고 하면서 다른 나라를 침략하는 행태를 일삼는다.'는 비판은, '서학에는 인간의 양심에 대한 이해가 없기 때문에 하늘님을 섬기는 방법을 모른다.'는 비판이다. 다시 말해서, 서학처럼 하늘님을 내 밖의 인격신으로 받들면 받들수록 점점 양심의 소리를 잃게 된다는 비판이다.

앞에서, 유학자들은 마음의 작용을 곧잘 귀신으로 표현하거나 귀신에 비유했다고 말했다. 그런데 귀신을 양심과 동일한 개념으로 본 것이 유학자들과 다른 최제우만의 독특한 특징이다. 동학과 성리학의 차이는 뒤에서 다루겠지만 여기에서 잠시 살펴보고 넘어가자.

유학자들은 마음을 귀신이라는 용어로 표현하기는 했어도 귀신을 '순수한 마음'으로 보지는 않았다. 유학자들의 시각으로 바라보면, 신(神)은 하늘의 요소로서 순수한 마음에 해당하고 귀(鬼)는 땅의 요소로서 육체적인 욕망과 관련이 있으며 귀신은 언제나 이 두 요소가 결합되어 있는 형태이기 때문에 순수한 것일 수가 없다. 다시 말해서 유학자들은 마음을 순수함과 욕망이 섞여 있는 것으로 보았고 그중 순수함만을 잘 발현시킨 것, 그것을 양심으로 보았다. 매우 순수한 형태만을 양심으로 인정한 것이다. 따라서 민중의 양심은 가능성으로서만 존재할 뿐 실현되지는 않는 것으로 보았고 자신들의 도덕 수양에 대해서도 매우 엄격했다. 최제우가 말하는 양심은 그처럼 순수한 형태를 가리키는 것이 아니라 일반적인, 마음의 작용을 뜻한다. 따라서 최제우가 말하는 양심은 민중의 양심이며 실제로 실현되는 양심이다. 참고로, 더 깊은 이해를 원하는 사람들을 위해 이러한 차이가 어떤 식으로 표출되는지를 철학 용어로 이야기하면 성리학은 이·기(理·氣) 이원론이고 동학은 기(氣) 일원론이다. 동학과 성리학의 차이는 뒤에서 자세히 살펴보기로 하자.

최제우가 양심을 동학(東學)의 디딤돌로 삼았다고 해서 민중의 도덕성을 무조건 긍정한 것은 아니다. 정작 민중들은 누구나 양심을 지니고 있으면서도 양심의 주체로 살아 본 역사적 경험이 없기 때문에 양심의 존재조차 모르고 살아간다는 것이 최제우의 지적이다. 민중을 바라보는 최제우의 시각에 대해서도 뒤에서 자세히 살펴보기로 하자.

시간이 흘러 1861년이 되었다. 사방의 어진 선비들이 나를 찾아와 물었다.

문: 하늘의 신령한 기운이 선생님께 내렸다고 하는데 무엇을 말하는 것입니까?

답: 흥망성쇠(興亡盛衰)를 되풀이하는 자연의 이치를 깨달은 것입니다.

문: 그것을 무엇이라 부르면 좋겠습니까?

답: 천도(天道)라고 부릅니다.

문: 천도라고 하면 서학과 다를 게 없지 않습니까?

답: 서학은 천도를 따르는 것 같지만 천도를 따르는 것이 아니고 기도를 올리는 것 같지만 기도를 올리는 것이 아닙니다. 그런 까닭에 천도를 말하고 기도를 올리는 겉모습은 같지만, 그 내용이 다릅니다.

문: 어떤 점이 다릅니까?

답: 우리가 자연의 이치에 순응하는 방식은 사심을 품지 않고 자연의 이치에 순응하는 방식, 곧 무위이화(無爲而化)의 방식입니다. 자신의 마음을 보존하고 자신의 기운을 바로잡아 하늘이 부여해 준 본성에 따르는 것입니다. 이러한 가르침에 따르면 저절로 자연의 이치에 순응하게 됩니다. 서학은 말에 논리가 없고 글에 옳고 그름이 없습니다. 사심 없이 하늘님을 섬긴다고 할 만한 단서가 전혀 없고 단지 저 자신을 위해 기도할 뿐입니다. 몸에 수양의 흔적이 없고 배워도 하늘님의 가르침을 따르지 않으니 하늘님을 섬긴다는 형식은 있지만 하늘님을 섬기는 태도가 아니고, 하늘님을 섬긴다고는 하지만 진실함이 없습니다. 그러니 기도를 올려도 기도를 올리는 게 아니요, 하늘님을 섬겨도 하늘님을 섬기는 것이 아닙니다. 이러할진대 어찌 동학을 서학과 같다고 하겠습니까?

문: 주문을 외고 천주를 섬기는 겉모습이 같다고 하셨으니, 서학이라 이름하고 내용을 바로잡으면 되지 않겠습니까?

답: 그렇지 않습니다. 나는 우리나라에서 태어나 우리나라에서 깨달음을 얻었습니다. 자연의 이치[天道 천도]에 따르고자 한다는 관점에서 이야기하면 동학(東學)이든 서학(西學)이든 모두 천도(天道)지만, 천도에 따르는 방식을 가지고 이야기하면 서학(西學)과는 전혀 다른 동학(東學)입니다. 하물며 땅이 동서로 나뉘어 있는데 서를 어찌 동이라 하고 동을 어찌 서라 하겠습니까? 공자는 노(魯)나라에서 태어나 가르침을 전했고 그의 가르침은 추(鄒)나라의 맹자에게 전승되었기 때문에 공자·맹자의 가르침을 추로지풍(鄒魯之風)이라 하며 오늘날 우리에게 전승되고 있습니다. 나는 이 땅에서 태어나 이 땅에서 깨달음을 얻었고 그 깨달음을 이 땅에 전하고 있는데 이것을 어찌 서학이라 부르겠습니까?

✤ 양심이 바로 하늘이라고 보는 것이 동학의 핵심적인 특징이라는 것에 대해서는 앞에서 자세히 설명했다. 그런데 이 말이 '양심 = 하늘'을 뜻하는 것은 아니다. 양심이 바로 하늘이라는 말을 정확하게 수식으로 표현하면 '양심 = 하늘의 마음'이다. 하늘은 어디까지나 우주의 섭리[天道(천도)]를 의미한다. 하지만 양심에 따라 사는 것이 곧 천도에 따르는 방법이기 때문에, '양심이 바로 하늘이다.' 또는 '사람이 바로 하늘이다[人乃天(인내천)].'라고 말할 수 있다. 한문에서 '내(乃)'는 필요조건을 나타내는 접속사다. 따라서 양심이 바로 하늘이라는 말은 '양심에 따를 때만이 하늘을 섬길 수 있다.', '양심에 따르지 않고는 하늘을 섬길 수 없다.'는 의미를 함축한다. 이러한 내용을 염두

에 두고 위 본문을 다시 읽어 보자.

"서학은 천도를 따르는 것 같지만 천도를 따르는 것이 아니고 기도를 올리는 것 같지만 기도를 올리는 것이 아닙니다."라고 했는데 왜 이렇게 말하는 것인가? 기독교는 내 양심에 귀 기울이는 종교가 아니라 야훼의 음성에 귀 기울이는 종교이기 때문이다. "(서학은) 몸에 수양의 흔적이 없고 배워도 하늘님의 가르침을 따르지 않으니 하늘님을 섬긴다는 형식은 있지만 하늘님을 섬기는 태도가 아니고, 하늘님을 섬긴다고는 하지만 진실함이 없습니다. 그러니 기도를 올려도 기도를 올리는 게 아니요, 하늘님을 섬겨도 하늘님을 섬기는 것이 아닙니다."라고 한 것도 같은 의미다. "자연의 이치[天道(천도)]에 따르고자 한다는 관점에서 이야기하면 동학(東學)이든 서학(西學)이든 모두 천도(天道)지만, 천도에 따르는 방식을 가지고 이야기하면 서학(西學)과는 전혀 다른 동학(東學)입니다."는 말에 이러한 의미가 잘 담겨 있다.

양심을 도덕 행위의 발판으로 인정하느냐 하지 않느냐는 다음 두 가지 차이로 나타난다. 첫째, 동학과 서학은 천주에 대한 이해가 다르다. 동학에서의 천주 곧 천도는 자연의 이치를 의미한다. 편의상 윤리의 측면을 배제하고 이야기하면 자연의 이치는 물리 법칙과 같은 것이어서 의지를 지닐 수 없다. 이와는 반대로 서양의 천주 곧 야훼는 모든 일에 일일이 개입하는 신이다. 인간 세계뿐만이 아니라 물리 법칙조차도 신이 창조한 것으로 본다.

둘째, 동학과 서학은 천주를 섬기는 태도가 다르다. 서학의 천주는 모든 일에 일일이 개입하는 신이어서 천주에게 올리는 기도의 내용도 '우리 아들 좋은 대학에 보내 주시고 우리 딸 좋은 사람 만나게 해 주십시오.' 하는 식이다. 교통사고를 당하는 불행도 복권에 당첨되는 행운도 모두 야훼의 뜻이라고 생각하고 축구 선수가 골을 넣어도 먼저 야훼의 은총에 감사하는 기도를 올린다. 서학에서 천주를 섬기는 태도로는 이처럼 야훼를 믿으면 천당에 가고 믿지 않으면 지옥에 간다는 발상도 가능하고 야훼의 뜻에 따라 다른 나라를 침략한다는 논리도 가능하다.

동학뿐만이 아니라 동양의 전통 학문에서는 이러한 태도가 용납되지 않는다. 개인이나 사회의 행복을 신에게 의탁하는 것은 사람으로서 해야 할 일을 포기하는 매우 불성실한 태도로 보았다. 천·지·인을 삼재(三才)라고 한 것도 사람으로서 할 수 있는 일을 다하라는 의미다. 아프면 병원에 가서 치료 받고 죄를 지었으면 감옥에 가서 용서를 비는 것이 상식이지, 고생 없이 병 낫기를 바라고 간편한 방식으로 용서를 비는 것은 예수의 성스러운 삶을 모독하는 행위이기도 하다. 또 유학자들은 천당과 지옥이 존재한다고 보지도 않았지만, 옳은 일이면 지옥에 가더라도 해야 하고 그른 일이면 천당에 가더라도 하지 않아야 한다고 생각했다. 믿으면 천당 가고 믿지 않으면 지옥

간다는 식의 발상은 신과 인간이 흥정을 하는 것이다. '내 너를 믿을 테니 나를 천당에 보내 줘!', '나를 믿으면 너를 천당에 보내 주마!' 이런 장사꾼의 논리로 천주 운운하는 것을 최제우는 악질(惡疾, 몹쓸 병)로 표현하기도 한다. 본문에서 "사심 없이 하늘님을 섬긴다고 할 만한 단서가 전혀 없고 단지 저 자신을 위해 기도할 뿐입니다."라고 한 것도 이러한 태도를 비판한 것이다.

최제우는, 동학에서 천도(天道)에 따르는 방식을 무위이화(無爲而化)로 표현하고 있다. 이 말을 제대로 이해하기 위해 우선 접속사 '이(而)'부터 살펴보자. 접속사 '이(而)'는 앞에 나오는 명제와 뒤에 나오는 명제가 동시에 참임을 나타내 주는 말이다. 무위이화(無爲而化)와 유사한 의미인 무위이무불위(無爲而無不爲)도 두 명제 '무위(無爲)'와 '무불위(無不爲)'가 접속사 '이(而)'를 통해서 동시에 긍정되며, 그래서 '무엇을 이루고자 하는 의도가 없다[無爲(무위)]. 그러면서도[而(이)] 이루지 못하는 일이 없다[無不爲(무불위)].'는 뜻이 된다. 무위이화(無爲而化)도 이러한 구조와 의미를 띤다. 예컨대, '좋은 성적을 얻기 위해 하기 싫은 공부를 억지로 하는 것'이 위(爲)이고 '그냥 공부가 좋아서 즐기는 것'이 무위(無爲)다. 만약 그냥 공부가 좋아서 즐기다 보니 뜻하지 않게 좋은 성적을 얻게 되었다면, 이런 것이 '무위이화'다. 하늘을 섬기는 일도 억지 노력으로 되는 것이 아니라 사심 없이 자신의 양심에 따를 때 저절로 이루어진다는 의미에서 '무위이

화'라고 했다. 자신의 양심에 충실한 것이 무위(無爲)고 그 결과 자연
의 이치에 순응하게 되는 것이 화(化)다. 자신의 양심에 충실하기만
하면 다른 노력이 없이도 자연의 이치에 순응하게 된다는 의미에서
두 단어를 접속사 이(而)로 연결했다. '무위이화'라는 말 속에는 이처
럼 '동학은 자신의 양심에 따르는 학문인데 서학에는 양심에 대한
이해가 없다.'는 비판이 담겨 있다. 이것이 최제우가 생각하는 동학
과 서학의 핵심적인 차이다.

(3) 주문(呪文)

| 강령 주문 | 지기금지, 원위대강(至氣今至, 原爲大降)
허령한 마음, 느껴옵니다. 훤히 드러나기를 바라옵니다.
| 본 주문 | 시천주, 조화정(侍天主, 造化定)
하늘을 섬기니, 맑은 마음이 저절로 드러나 한 점 의혹이 없습니다.
| 불망 주문 | 영세불망, 만사지(永世不忘, 萬事知)
평생 이 마음 잃지 않고, 모든 일에 실천하겠습니다.

문: 주문(呪文)이란 말은 무슨 뜻입니까?
답: 주(呪) 자는 사심 없이 천주를 섬긴다는 뜻입니다. 그래서 주(呪) 자를
써서 주문(呪文)이라고 합니다. 주문은 요즈음도 있고 옛날에도 있었

습니다.

문: 주문은 어떤 의미입니까?

답: 지(至)는 지극하다는 뜻이니, 지기(至氣)는 허령(虛靈)한 마음이 깊고
깊어 관여하지 못하는 일이 없고 다스리지 못하는 일이 없다는 뜻입
니다. 그러나 사람의 마음은 느낄 수는 있지만 표현할 수가 없고 마
음의 소리는 들을 수는 있지만 볼 수가 없습니다. 사람의 마음 또한
맑고 충만한 하나의 기(氣)입니다. 금지(今至)는 지금 막 바른 길에 들
어서서, 드러나는 맑은 마음을 자각한다는 뜻입니다. 원위(願爲)는
바란다는 뜻이니, 원위대강(願爲大降)은 맑은 마음이 훤히 드러나기
를 바란다는 뜻입니다. 시(侍)는 안에 있는 신령(神靈)한 마음을 밖으
로 드러내어 느끼는 것이요, 모든 사람이 이러함을 알고 그 마음을
변함없이 간직한다는 뜻입니다. 주(主)는 부모님을 섬기듯 천주를 섬
긴다는 뜻입니다. 조화(造化)는 의도하지 않아도 양심이 저절로 드러
난다는 뜻입니다. 정(定)은 양심[德(덕)]이 훤히 드러나 의혹이 없다는
뜻입니다. 영세(永世)는 사람의 평생이요, 불망(不忘)은 잊지 않는다
는 뜻이요, 만사(萬事)는 온갖 일이란 뜻이요, 지(知)는 그 방법을 알
아 실천한다는 뜻입니다. 그러므로 양심을 훤히 밝혀서 늘 변함없이
간직하여 잃지 않으면 훤히 드러나는 양심으로 성인의 경지에 이를
수 있습니다.

✢ 본문에서 '지기(至氣)'를 '허령(虛靈)'이라는 말로 설명하고 있는
데 '허령'은 조선 시대에 마음을 설명하는 말이었다. 따라서 '지기'는
마음을 뜻하는 말이다. 또 '지기'는 '가장 빼어난 기'라는 뜻이니 마

음 중에서도 좋은 마음 곧 '양심'을 뜻하는 말임을 알 수 있다. '지기'를 설명하고 있는 허령(虛靈)은 허이령(虛而靈)을 줄인 말로, 공간을 점유하는 물질이 아니라는 점에서는 허(虛)이고 관여하지 못하는 일이 없다는 점에서는 영(靈)이다. 본문에서 "사람의 마음은 느낄 수는 있지만 표현할 수가 없고 마음의 소리는 들을 수는 있지만 볼 수가 없다."라고 한 구절이 '허(虛)'에 대한 설명이고, "관여하지 못하는 일이 없고 다스리지 못하는 일이 없다."라고 한 구절이 '령(靈)'에 대한 설명이다.

본문에 나오는 동학의 주문을 좀 더 현대어에 맞게 번역하면 다음과 같다. "양심의 소리 들려옵니다. 온 마음에 울려 퍼지기를 바라옵니다. 양심을 변함없이 보존해 내 마음을 티 없이 맑게 하고 평생 변함없이 양심에 따라 살겠습니다." 현대인의 시각에서 바라보면 특별한 말이 아니지만 동학은 이 주문 때문에 유학자들의 탄압을 받아야 했다. 조선 시대의 성리학에서는 매우 엄격한 도덕 수양을 고수했고 이것이 양반과 상민을 가르는 명분이었다. 그런데 최제우는 본문 마지막 구절에서 '양심에 따라 사는 것이 곧 성인이 되는 길이다.'라고 천명하고 있다. 성리학자들에게 성인은 마치 방향을 알려 주기는 해도 끝내 도달할 수 없는 북극성처럼 멀고 영원한 이상이었지만 최제우는 양심에 따라 살기만 하면 길거리에 오가는 모든 사람이 성인이 될 수 있다고 말한다. 양심에 따라 살면 된다는 말에는 이처럼 신분 차별을 타파하는 논리가 숨어 있다. 유학자들이 동학을 탄압한 것도 이 때문이었고 민중들이 동학에 환호한 것도 이 때문이었다.

암행어사 정운구가 올린 보고서에 다음과 같은 내용이 나온다. "조령에서 경주까지는 400여 리가 되고 도읍이 스무 개에 가까운데 동학에 대한 이야기가 귀에 들어오지 않은 날이 거의 없었고 경주에 가까워질수록 점점 심해져서 주막집 여인과 산골짜기 아이들까지 동학의 주문을 외우고 있었습니다." 민심이 흉흉한 시기에 사람들이 이처럼 동학으로 몰려든다는 것은 정권을 쥐고 있는 사람들 입장에서는 그 자체로 위험천만한 일이었다. 최제우가 체포된 것도, 최제우가 참수된 것도 다른 데 이유가 있는 것이 아니라 무수한 사람들이 신분 차별을 거부하는 동학으로 몰려들었기 때문이다.

(4) 문답(問答)

문: 하늘의 마음이 곧 사람의 마음이라면, 누구나 양심을 지니고 있다는 것인데 어째서 선한 사람도 있고 악한 사람도 있는 것입니까?
답: 사람은 제각각 다른 환경에서 태어나기 마련입니다. 그래서 자신의 의도와 상관없이 귀천(貴賤)과 고락(苦樂)이 운명으로 주어집니다. 누

구나 높은 신분으로 태어나고 누구나 즐거움을 누리며 살아갈 수는 없습니다. 그러나 군자는 기(氣)가 바르고 마음이 한결같아서 주어진 환경에 휘둘리지 않고 천명(天命)에 따를 수 있지만 소인(小人)은 기(氣)가 바르지 않고 마음이 시시때때 흔들려서 천지의 명을 거스르고 자연의 이치에서 벗어나게 되는 것입니다. 이처럼 주어진 환경에 휘둘리기 때문에 악한 사람이 생겨나는 것이지 양심이 없어서 그런 것이 아닙니다.

문: 양심에 따르기만 하면 자연의 이치에 순응하게 된다고 하시는데, 그러면 세상 사람들이 어째서 하늘님을 공경하지 않는 것입니까?

답: 하늘님을 공경하지 않는 것이 아닙니다. 죽을 때가 되면 하늘을 찾는 것이 인지상정입니다. "사람의 목숨은 하늘에 달려 있다."는 말이나 "하늘이 만백성을 내었다."는 말은 옛날 성인들이 하신 말씀인데 지금까지 전해 오고 있습니다. 이런 것을 보면 하늘을 공경하지 않는 것이 아니라 자세히 알지 못해 확신하지 못하는 것일 뿐입니다.

문: 동학을 비난하는 것은 무엇 때문입니까?

답: 그럴 수도 있습니다.

문: 어찌하여 그렇습니까?

답: 동학은 새로운 사상입니다. 예전에도 이러한 사상이 없었고 지금도 이와 비슷한 사상이 없어서 견주어 볼 데가 없습니다. 실제로 수양을 하게 되면 얻는 게 없는 것 같으면서도 좋은 결과가 있지만, 수양은 하지 않고 그저 듣기만 하면 뭔가 있다고 느끼면서도 아무것도 얻지 못합니다. 이 때문에 동학을 비난하는 것입니다.

문: 수양해 보지 않은 사람만 동학을 비난하는 것이 아닙니다. 수양하다

가 그만두는 사람도 있습니다. 동학을 하다가 그만두는 것은 왜 그렇습니까?

답: 이런 사람들에 대해서는 언급하지 않는 게 좋겠습니다.

문: 왜 그렇습니까?

답: 마음속으로는 동학을 존중하면서도 사정이 있어 떠나는 것일 뿐입니다.

문: 동학을 존중하는 것은 어떤 마음이고 동학에서 떠나는 것은 어떤 마음입니까?

답: 동학을 존중하면서도 바람 불면 눕고 그치면 일어서는 풀잎처럼 환경과 상황을 이기지 못하고 떠나는 것입니다.

문: 세태가 이런데도 그런 사람에게조차 허령한 마음이 있다고 하시는 것입니까?

답: 허령한 마음은 선한 사람에게만 있고 악한 사람에게는 없는 그런 것이 아닙니다.

문: 그런 거라면 믿어도 득이 없고 믿지 않아도 해가 없다는 말이 아닙니까?

답: 중국 고대의 성인인 요임금과 순임금이 세상을 다스리던 때에는 백성들 모두 요·순처럼 선했습니다. 이 세상의 운명(運命)은 혼자 복(福)을 받고 혼자 화(禍)를 입는 것이 아닙니다. 복을 받아도 세상 사람들과 함께 받고 화를 입어도 세상 사람들과 함께 입는 것입니다. 게다가 복을 받느냐 화를 입느냐 하는 것은 하늘에 달려 있는 것이지 각자에게 달려 있는 것이 아닙니다. 그 사람의 마음이 어떠냐를 가지고 그 사람의 이해득실을 따지려고 하면 그 해로움이 도리어 자신에게 미치게 됩니다. 아마 이런 사람들이 복을 누리기는 어렵겠지

만, 이런 일은 여러분이 나에게 물을 일도 아니요 내가 관여할 일도 아닙니다.

아! 참으로 감탄할 일이다. 여러분의 질문이 어찌 이처럼 명쾌한가! 내 글이 엉성하고 서툴러서 의미를 섬세하게 풀지도 못했고 요지를 정확히 밝히지도 못했지만, 사람을 바르게 하고 몸을 닦고 재주를 기르고 마음을 바르게 하는 데는 아무 문제가 없을 것이다. 천지의 무궁한 운행과 도(道)의 끝없는 이치도 이 글에서 말한 범위를 벗어나지 않는다. 여러분이 공경하는 마음으로 이 글을 받아 성인(聖人)이 되는 덕(德)을 배양하고 나와 길을 함께 한다면, 마치 단맛이 다른 맛을 받아들이고 백색이 다른 색을 받아들이듯 어렵지 않게 천도(天道)를 닦게 될 것이다. 내가 이제 천도를 닦는 즐거움을 알고 공경과 찬탄을 금할 길이 없어 여러분에게 글을 지어 보이니, 자세히 살펴서 깊고 오묘한 자연의 이치를 잃지 않기 바란다.

✤ 동학을 포교하는 현장에서 어떤 이야기들이 오갔는지를 잘 보여 주는 대목이다. 누구나 양심을 지니고 있다면 악한 사람은 왜 생기는 것이냐, 양심에 따르기만 하면 자연의 이치에 순응하게 된다고 말씀하시는데 자연의 이치에 순응하는 것이 그리 쉬운 일이라면 지금 이 세상은 왜 이 모양인 것이냐, 동학이 그렇게 좋은 것이라면 사람들이 동학을 비난하는 것은 무엇 때문이냐, 동학을 하다가 동학에서 떠나는 사람들은 무엇 때문이냐, 동학을 해도 득이 없고 하지 않

아도 해가 없는 것이라면 동학은 왜 하는 것이냐 등등의 질문에 답하는 내용이다.

마지막 문답을 중심으로 문답 내용을 정리해 보자. 마지막 질문은 양심에 따라 사는 것과 이해득실의 관계에 대한 것이다. 동학에서는 양심에 따라 살라고 가르치는데 그것이 현실적으로 나에게 어떤 이득이 되는가, 이것이 보통 사람들의 관심사였을 것이다. 동학에 입도하는 사람들은 동학을 통해 부유하고 행복해지기를 바랐을 것이다. 기독교에서는 천주를 믿으면 천당에 가서 행복하게 살 수 있다고 대답했을 테고 동학에 입도하는 사람들도 이와 유사한 대답을 바랐겠지만 최제우는 이러한 기대를 여지없이 무너뜨린다. 동학을 한다고 해서 동학을 하는 사람들에게만 복이 오는 것이 아니요, 동학을 하지 않는다고 해서 그 사람들에게 해가 미치는 것도 아니라고 말한다. '그러면 동학은 도대체 왜 하자는 것이냐?'

유학의 전통에서, 어떤 어려움이 있어도 주체적으로 선(善)을 행하는 사람을 군자(君子)라 하고 주체적으로 선을 행하지 못하고 주변 상황이나 이해득실에 따라 처신하는 사람을 소인(小人)이라 한다. 최제우도 이런 구도를 취하고 있다. 사람은 본래 선하지만 주변 상황을 극복하지 못하고 양심이 꺾일 때 악이 발생한다고 보는 것이다. 본문의 "바람 불면 눕고 그치면 일어서는 풀잎처럼 환경과 상황에 따라 행동하는 것입니다."라고 한 말은 《동경대전》 원문에는 간단히 '초상지풍(草上之風)'으로 되어 있는데 이 말은 《논어》에 나오는 말로 공자 이래 군자와 소인의 관계를 나타낼 때 상투적으로 쓰는 표현이었다. 그래서 '초상지풍'이라고만 이야기해도 무슨 이야기를 하는지 의미가 전달되었다. 이 말은, 군자는 스스로 선(善)을 행하고 어려운 상황에서도 선을 추구하지만 소인은 스스로 선을 행하지 못하고 군자의 모습에 감화되어야 비로소 선을 행하며, 어려운 상황에서는 선보다 이익을 추구한다는 의미를 담고 있다.

군자와 소인의 관계에 대한 최제우의 언급에서 주목할 것은 두 가지다. 첫째, 유학자들은 양반만이 군자가 될 수 있다고 생각했는데 최제우는 상민도 얼마든지 군자가 될 수 있다고 생각한다. 본문에서 "허령한 마음은 선한 사람에게만 있고 악한 사람에게는 없는 그런 것이 아닙니다."라고 한 말이 이것을 의미한다. 《동경대전》 원문에서는 간단히 '불택선악(不擇善惡)'으로 되어 있는데 〈포덕문〉을 정리하는 자리에서 살펴본 대로 《용담유사》의 〈안심가(安心歌)〉에서도 이러한 표현을 통해 '양심은 양반과 상민의 구별 없이 존재하는 것'임을 강조하고 있다. 상제가 양반과 상민을 구별하지 않는다면 양심에도 양반과 상민의 구별이 없는 것이다.

둘째, 화(禍)와 복(福)은 개인 단위로 오는 것이 아니라 운명 공동체인 사회 전체의 화복(禍福)으로 다가온다는 발상이다. 본문에서 "이 세상의 운명(運命)은 혼자 복(福)을 받고 혼자 화(禍)를 입는 것이 아닙니다. 복을 받아도 세상 사람들과 함께 받고 화를 입어도 세상 사람들과 함께 입는 것입니다."라고 한 말이 이것을 의미한다. 내가 선(善)을 행하지 않는다고 해서 내게 직접 재앙이 닥치는 것은 아니지만 그만큼 그 사회의 행복이 줄어드는 것이고, 내가 선을 행한다고 해서 내가 직접 복을 누리는 것은 아니지만 그만큼 그 사회의 행복이 증가하는 것이다.

이 두 요소를 고려하면, 최제우는 이 사회가 도덕성을 갖춘 사람들에 의해 유지되고 발전한다고 생각했다. 여기에서 도덕성의 주체는 민중이다. 요컨대 최제우는 민중의 도덕성에 의해 세워지는 세상을 추구한 것이다. 양반만이 아니라 민중 일반이 도덕성의 주체가 되는 세상, 그것이 최제우가 말하는 개벽 세상이다. 개벽 세상은 양반과 상민의 차별이 없는 세상을 의미하지만 그에 앞서 먼저 민중 자신들에 의한 민중의 도덕성을 요청한다. 도덕성을 실현하는 데 있어 양반과 상민의 차별이 없다는 근거를 내세워 양반과 상민의 차별이 없는 세상을 만들어 가자고 주장한 것이다. 유학자들은 이와는 반대로 도덕성을 양반의 전유물로 생각했기 때문에 양반이 지배하는 세상만이 올바른 세상이라고 생각했다.

＊　　　　　＊　　　　　＊

◉ 《용담유사》로 보는 최제우의 사회 인식

〈논학문〉을 통해 동학과 서학의 차이에 대해 살펴보았다. 동학과 서학의 차이를 한마디로 정리하면, 동학에서의 천주는 양심을 의미하고 기독교에서의 천주는 야훼를 의미한다. 자신의 마음을 텅 비우고 절대 존재인 야훼를 받아들임으로써 도덕성이나 종교성을 실현하고자 하는 것이 기독교라면 자신의 양심에 전적으로 의존함으로써 도덕성이나 종교성을 실현하고자 하는 것이 동학이다. 따라서 신분에 따라 사람을 차별하지 않는다는 공통점도 실제의 내용은 다르게 나타난다. 기독교에서의 평등은 상민도 천당에 갈 수 있다는 평등이고 동학에서의 평등은 민중이 도덕성의 주체가 되어 신분 차별이 없는 개벽 세상을 만들자는 평등이다.

최제우는 1861년 7월 경주 용담에서 〈포덕문〉을 짓고 서원과 관아의 감시가 심해지자 그해 겨울 고향인 경주를 떠난다. 다음 해 1월 전라도 남원에 도착해 그곳에 거처를 정하고 〈논학문〉을 지었다. 아래에서는 〈포덕문〉 집필 시기와 〈논학문〉 집필 시기 사이에 지은 《용담유사》의 가사들을 통해 최제우의 여행 경로를 따라가며 〈논학문〉의 내용을 보충하기로 한다. 아래에서 살펴볼 내용 중 맨 마지막 〈권학가(勸學歌)〉 발췌문은 서학을 믿는 사람들이 보여 주는 행태를 개탄하는 내용이다. 일반적인 내용이어서 이해하는 데 어려움이 없을 것이다. 맨 처음 〈교훈가(敎訓歌)〉 발췌문은 최제우의 사회 인식을 보여 주는 글로 매우 중요한 내용이다. 최제우의 사상은 "양심이 하늘이다."는 한마디로 압축된다. 동학과 서학의 차이도 이 말 한마디에 담겨 있고 동학과 성리학의 차이도 이 말 한마디에 담겨 있다. 그런데 양심이란 말은 언제나 개인의 양심을 의미하지 사회의 양심을 의미하지 않는다. 따라서 "양심이 하늘이다."는 말이 실질적인 내용을 갖추기 위해서는 개인과 개인의 관계, 개인과 사회의 관계, 개인과 시대의 관계에 대한 해명이 필요하다. 이에 대한 해명이 없으면 "양심이 하늘이다."는 말도 구멍 뚫린 항아리에 물 붓는 것처럼 그다지 의미 있는 말이 될 수가 없다. 만약 무인도에서 혼자 사는 것이라면 양심이란 게 무슨 의미가 있겠는가! 〈논학문〉에서 살펴본 동학과 기독교의 차이도 최제우의 사회 인식을 확인할 때 더 명료하게 드러날 것이다.

> 하늘님께 아뢰오니 하늘님 하신 말씀
> 너도 역시 사람이라 무엇을 알았으며
> 억조창생(億兆蒼生) 많은 사람 동귀일체(同歸一體) 하는 줄을
> 사십 평생 알았더냐. 우습다 자네 사람.
> (중략)
> 무극(無極)한 이내 도(道)는 내 아니 가르쳐도
> 운수(運數) 있는 그 사람은 차차차차 받아다가

차차차차 가르치니 내 없어도 당행(當行)일세.

행장(行裝)을 차려 내어 수천 리를 경영(經營)하니

수도하는 사람마다 성지우성(誠之又誠) 하지마는

모우미성(毛羽未成) 너희들을 어찌하고 가잔 말고.

잊을 도리 전혀 없어 만단효유(萬端曉諭) 하지마는

차마 못한 이내 회포 역지사지(易地思之) 하여서라.

그러나 할 길 없어 일조분리(一朝分離) 되었어라.

| 뜻풀이 | ・**억조창생**(億兆蒼生): 바로 뒤에 나오는 "많은 사람"과 같은 뜻이다. 가사에는 운을 맞추기 위해 같은 말을 반복하는 경우가 적지 않다. ・**동귀일체** (同歸一體): '같은 곳[일체(一體)]으로 함께 돌아가다[동귀(同歸)]'는 뜻인데 자세한 내용은 뒤에서 설명하기로 한다. ・**당행**(當行): '행(行)'은 '세상에 널리 행해지다, 유행하다'는 뜻이고 '당(當)'은 '~하게 되어 있다'는 의미의 조동사다. ・**행장**(行裝): 여행 보따리. ・**경영**(經營): '(사업을) 경영하다'는 뜻으로 많이 쓰이는데 여기에서는 '여기저기 돌아다니며 살피다'는 의미로 쓰였다. ・**성지우성**(誠之又誠): 성실하고 성실하다. 매우 성실하다. ・**모우미성**(毛羽未成): '머리털과 깃털도 아직 다 자라지 않았다.'는 뜻으로 '아직 성년이 되지 않은 자기 자식들'을 가리키는 말이다. ・**만단효유**(萬端曉諭): 여러 가지 방식으로 가르치다. ・**역지사지**(易地思之): 처지를 바꾸어 생각하다. ・**일조분리**(一朝分離): 하루아침에(어느 날 문득) 헤어지다.

이 글은 1861년 11월 남원으로 가는 도중에 지은 〈교훈가(教訓歌)〉의 일부다. 발췌문 상단은 최제우의 깨달음이 무엇이었는지를 보여

주는 대목이다. 최제우도 사십 이전에는 다 함께 잘사는 세상을 꿈꾼 것이 아니라 어찌어찌해서 출세해 보려는 생각을 지니고 있었다. 그러다 나이 사십에 다다르면서 그런 것이 별 의미가 없다는 것을 깨닫게 된 것이다. 가령 외국의 침략으로 나라가 망하면 상민만 망하는 것이 아니라 양반·상민 가릴 것 없이 모두 망하는 것이고 이와 반대로 좋은 세상이란 양반·상민 가릴 것 없이 다 함께 잘사는 세상임을 깨닫게 된 것이다. 발췌문에서 "수많은 세상 사람 동귀일체(同歸一體) 하는 줄을 나이 사십이 되도록 몰랐더냐?"는 하늘님의 질타가 이러한 의미를 담고 있다. 여기에서 동귀일체(同歸一體)는 '흥하면 다 함께 흥하고 망하면 다 함께 망하다.'는 뜻으로 〈논학문〉 본문에서 "이 세상의 운명은 혼자 복(福)을 받고 혼자 화(禍)를 입는 것이 아닙니다. 복을 받아도 세상 사람들과 함께 받고 화를 입어도 세상 사람들과 함께 입는 것입니다."라고 한 것과 같은 의미다. '한 배를 타고 바다를 건너는 것처럼 이 세상 사람들은 운명 공동체로 묶여 있다.'는 의미로, 최제우의 사회 인식을 한마디로 함축하고 있는 표현이다. 이러한 사회 인식을 바탕에 두고 있기 때문에 "양심이 하늘이다."는 말은 개인과 하늘의 관계를 의미하는 것이 아니라 개인과 개인의 관계, 개인과 사회의 관계, 개인과 시대의 관계를 의미하는 말이 된다. 기독교는 개인과 신의 관계가 주축이지만 동학은 개인과 사회의 관계가 주축이라는 점, 이것이 기독교와 동학의 명확한 차이다.

발췌문 하단은 최제우가 자신을 어떻게 생각하는지를 보여 주는 대목이다. 최제우는 시대의 흐름을 먼저 읽고 그것을 준비하는 사람으로 자신을 이해했지 자신이 그러한 흐름을 만들어 낸다고 생각지 않았다. 발췌문에서도 "무극한 이내 도(道) 곧 동학(東學)은 내가 가르치지 않아도 / 알 사람은 다 알게 되어 있고 / 내가 아니어도 널리 퍼지게 되어 있다."고 말하고 있다. 〈교훈가〉의 앞부분에서도 '나보다 못난 사람이 어디 있느냐.'고 하며 자신의 능력이 남보다 뛰어나서 동학을 펼치게 된 것이 아님을 밝히고 있다. 이러한 언급 속에 개인과 시대의 관계, 개인과 개인의 관계, 개인과 사회의 관계에 대한 최제우의 인식이 담겨 있음은 물론이다.

〈교훈가〉는 경주를 떠난 뒤 처자식에게 보낸 안부 편지로, 자식들에게 열심히 수행하라고 신신당부하는 내용이다. 말하자면, 좋은 직장에 취직해서 돈 많이 벌라고 신신당부하는 것이 아니라 항상 올바른 마음을 잃지 말라고, 살아 보니 그것이 가장 중요하다고 신신당부하는 내용이다. 어쩔 수 없는 사정으로 어느 날 문득 이별하고 떠나온 뒤 그들을 걱정하는 마음이 '모우미성(毛羽未成)'이라는 말 속에 잘 나타나 있다.

광대(廣大)한 이 천지(天地)에 정처(定處) 없이 길을 떠나

울울(鬱鬱)한 이내 회포(懷抱) 붙일 곳 바이없어
청려(靑藜)를 벗을 삼아 여창(旅窓)에 몸을 비겨
전전반측(輾轉反側) 하다가서 홀연(忽然)히 생각하니
나도 또한 이 세상에 천은(天恩)이 망극(罔極)하여
만고(萬古) 없는 무극대도(無極大道) 여몽여각(如夢如覺) 받아 내어
구미·용담 좋은 풍경 안빈낙도(安貧樂道) 하다 가서
불과 일 년 지낸 후에 원처(遠處)·근처(近處) 어진 선비
풍운(風雲)같이 모여드니 낙중우락(樂中又樂) 아닐런가.

| 뜻풀이 | •광대(廣大): 넓고 크다. •정처(定處): 여행의 목적지. •울울(鬱鬱)한 이내 회포(懷抱): 답답한 내 마음. •붙일 곳 바이없어: 위로할 방법이 없어. •청려(靑藜): 명아줏대로 만든 지팡이. •여창(旅窓): 나그네가 객지에서 묵는 방. •몸을 비겨: 몸을 의탁하여. 여기에서는 '여관방에 누워서'의 의미다. •전전반측(輾轉反側): 걱정이나 그리움으로 몸을 이리저리 뒤척이다. •홀연(忽然): 문득. •천은(天恩)이 망극(罔極)하여: 하늘님의 은택이 끝이 없어. •만고(萬古) 없는: 지금까지 없었던. •무극대도(無極大道): 모든 일에 모두 통용되는 도(道). •여몽여각(如夢如覺): 비몽사몽(非夢似夢)과 같은 뜻으로 꿈이 꿈같지 않고 마치 생시처럼 느껴지는 것을 일컫는다. •원처(遠處)·근처(近處): 먼 곳과 가까운 곳(을 막론하고). •풍운(風雲)같이: 여기에서 '풍운(風雲)'은 수가 많음을 형용하는 말이다. •낙중우락(樂中又樂): 즐겁고 또 즐겁다. 매우 즐겁다.

이 글은 1861년 12월 전라도 남원에 도착하여 지은 〈도수사(道修詞)〉의 일부로 고향의 벗들에게 열심히 수도하라고 당부하는 내용이다. 발췌문은 〈도수사〉의 도입 부분인데 지팡이 하나 들고 길 떠나

는 나그네의 모습과 잠 못 드는 밤 지나온 날들을 회상하는 장면이 그림처럼 떠오른다.

하원갑(下元甲) 경신년(庚申年)에 전해 오는 세상 말이
요망(妖妄)한 서양 적(賊)이 중국을 침범해서
천주당 높이 세워 거(擧) 소위(所謂) 하는 도(道)를
천하에 편만(遍滿)하니 가소절창(可笑絕脹) 아닐런가.
예전에 들은 말을 곰곰 생각하니
아(我) 동방 어린 사람 예의·오륜 다 버리고
남녀노소 아동주졸(兒童走卒) 성군취당(成群聚黨) 극성(極盛) 중에
허송세월(虛送歲月) 한단 말을 보는 듯이 들어 오니
무단(無斷)히 하늘님께 밤낮으로 비는 말이
삼십삼천(三十三天) 옥경대에 나 죽거든 가게 하소.
우습다, 저 사람은. 저의 부모 죽은 후에
신(神)도 없다 이름하고 제사조차 안 지내며
오륜에 벗어나서 유원속사(唯願速死) 무슨 일고.
부모 없는 혼령혼백 저는 어찌 유독 있어
상천(上天)하고 무엇하고. 어린 소리 말았어라.
그 말 저 말 다 던지고 하늘님을 공경하면
아 동방 삼년 괴질 죽을 염려 있을쏘냐.
허무한 너희 풍속 듣고 나니 절창(絕脹)이오,
보고 나니 개탄일세.

| 뜻풀이 | • 하원갑(下元甲): '새로운 시대가 시작되기 전, 온갖 모순과 폐해가 나타나는 시기'를 말한다. • 경신년(庚申年): 여기에서는 1860년을 가리킨다. • 거(擧) 소위(所謂) 하는 도(道)를: 자기네가 말하는 도(道)를 내세우다[거(擧)]. • 편만(遍滿)하다: 세상에 널리 유행하다. • 가소절창(可笑絕脹): 창자가 끊어질 정도로 우습다. 배꼽이 빠질 정도로 가소롭다. • 어린 사람: 어리석은 사람. • 아동주졸(兒童走卒): 철없는 아이들과 어리석은 사람들. 앞에 나오는 '남녀노소'와 합해져서 '세상 여러 부류의 사람들'을 뜻한다. • 성군취당(成群聚黨) 극성(極盛): (서학으로) 몰려든 사람들이 매우 많음을 표현한 말이다. • 허송세월(虛送歲月): 헛되이 세월을 낭비하다. • 허송세월 한단 말을 보는 듯이 들어 오니: 쓸데없는 짓 하는 줄을 보지 않아도 알겠다. • 무단(無斷)히: 끊임없이. • 삼십삼천(三十三天) 옥경대: 여기에서는 서학에서 말하는 '천당'을 가리킨다. • 유원속사(唯願速死): 오로지 빨리 죽기만을 바라다. 오로지 천당 가기만을 바라다. • 상천(上天): 천당에 가다. • 어린 소리 말았어라: 어리석은 말 하지 말라.

이 글은 1862년 1월 남원 교룡산성 은적암에 둥지를 틀고 나서 지은 〈권학가(勸學歌)〉의 일부다. 앞부분은 〈포덕문〉에서 "서양 사람들은 '하늘님의 뜻에 따르는 것이지 부귀를 탐하는 것이 아니다.' 하면서 다른 나라를 공격하여 빼앗는다."고 한 말과 유사한 내용이고 뒷부분은 천당에 가게 해 달라고 기도하는 일, 제사를 지내지 않는 일 등 서학을 믿는 사람들이 보여 주는 행태를 개탄하는 내용이다.

3

통유문(通諭文)
벗들, 나를 찾지 마시오

제**3**편_ 통유문(通諭文)
벗들, 나를 찾지 마시오

    최제우가 남원 교룡산성의 은적암(隱蹟庵)에 머물고 있다는 소식이 퍼지면서 많은 사람들이 그를 찾아오고, 최제우는 이 때문에 곤란을 겪게 된다. 은적(隱蹟)이란 말은 자신의 행적을 감춘다는 뜻으로 자신이 기거하는 암자에 최제우 자신이 붙인 이름인데 가족과 제자들에게 편지를 보내 '자신의 의도와는 달리 자신의 행적이 세상에 다 드러나고 말았다. 그리고 자신의 행적이 노출되었다는 것보다 더 현실적인 문제는 찾아오는 손님들에게 머물 방과 먹을 식량을 제공해 주기 어렵다.'고 하소연할 지경이 되었다. 최제우 자신도 남원 사람들의 도움을 받아 생활하는 처지인데 그를 돕는 사람들은 없는 살림에 끊임없이 밀려드는 최제우의 손님들까지 재우고 먹여야 할 상황이 된 것이다.

    이러한 이유로 은적암을 떠날 결심을 하며 1862년 5월 각지의 벗들에게 한 통의 편지를 띄워, '곧 은적암을 떠날 것이니 부디 자신을 찾지 말고 수양에 힘쓰라.'고 당부한다.

    통유(通諭)는 여러 사람에게 두루 알린다는 뜻이다.

통유문

여러분께 알리지는 않았습니다만 지난 해 경주 용담에 있을 때 서원과 관아에서 동학을 배척하려는, 석연치 않은 조짐들이 있었습니다. 그래서 어쩔 수 없이 그곳을 떠나 이곳으로 왔습니다. 이곳의 어려운 사정을 알리고자 편지를 띄웁니다. 깊이 헤아려 편지 내용을 어기지 않기 바랍니다.

지난 해 동짓달 경주 용담을 떠난 것은 강으로 산으로 돌아다니며 청풍명월이나 즐겨 보고자 한 것이 아니었습니다. 사람의 도리가 무너져 가는 세상사를 직접 살펴보고자 함이요, 서원과 관아의 감시에서 벗어나고자 함이요, 동학의 무극대도를 닦고자 함이요, 감시 받지 않는 곳에서 동학을 펼치고자 함이었습니다. 그 사이 해가 바뀌고 여러 달이 흘러 이곳에 온 지도 5개월이 되어 갑니다.

애초 이곳을 거처로 정한 것은 아무도 나를 찾아오지 못하게 하려는 것이었습니다. 벗들은 열심히 수행하고 있는지 독려나 하면서, 우리 집은 별일 없는지 안부나 들으면서 이곳에서 마음 편하게 지내려던 것이었습니다. 지금 상황은 오히려 행적을 세상에 훤히 드러내 놓고 사람들 틈바구니 속에서 은둔하는 꼴이 되어 버렸습니다. 사람들이 내 마음을 모르기 때문이요, 내가 애초 처신을 잘못한 탓입니다. 일이 있으나 없으나 각처의 벗들이 이곳을 찾아오고 있습니다. 반은 소문을 듣고 찾아오는 사람들이요, 반은 동학의 이치를 배우고자 찾아와 머무는 사람들입니다. 찾아오는 손님 쪽에서 보면 혼자 오는 것이지만 맞이하는 주인 쪽에서 보면 그 수를 정확히 파악할 수 없을 만큼 많은 숫자입니다. 그러니 어찌하겠습니까? 이곳은 외지고 가난한 산골짜기라서 손님을 맞을 수 있는 집도 두세 채뿐입니다. 묵을 수 있는 처소라도 많으면 가능하겠지만 묵을 수 있는 처소도 없습니다. 먹을 것이라도 넉넉하면 움집에서라도 즐겁게 지낼 수 있겠지만 식량도 턱없이 부족합니다. 이곳은 이처럼 형편이 어려운 곳입니다.

이런 상황에서도 이곳 노인들은 시를 지어 떠나지 말라 만류하고 젊은이들은 예를 갖추어 떠나지 말라 붙잡습니다. 이들이 만류하는 까닭이 무엇이겠습니까? 노인들이 시로써 만류하는 것은 좋은 시로 이별의 정이나 나누자는 것이 아닙니다. 학문을 부지런히 권하고 동학(東學)의 포교를 도우려는 것입니다. 젊은이들이 예를 갖추어 붙잡는 것은 형식상의 예를 갖추고자 함이 아닙니다. 어려움을 참아 가며 성심을 다해 돕고자 하는 것입니다.

주인이 손님을 맞이하고는 있지만 재물을 아끼지 않을 수 없는 형편입니다. 그래서 손님 대접이 점점 소홀해질 수밖에 없습니다. 손님들은 주인이 잘 대접해 주기를 바라지만 만족스러운 접대를 바랄 형편이 아닙니다. 안타까운 일입니다. 내게 큰 재산이 있다고 하더라도 이 일을 감당할 수가 없을 텐데 오히려 끼니 걱정을 하며 지내는 지금, 찾아오는 사람들은 그런 사정을 전혀 헤아리지 않습니다. 이곳 사정을 헤아리지 않고 계속 찾아오면 그 결과가 어떠할지 불 보듯 훤한 일입니다. 그래서 머지않아 이곳을 떠나려 합니다. 안타까운 일이 아닐 수 없습니다.

바람 불고 비 내리는 장마철에, 내가 떠난 줄도 모르고 나를 찾아 먼

길을 헛걸음 한다면 얼마나 애석한 일입니까? 벗들이 늘 이곳에 다녀가
고자 하는 소망을 간직하고 있다는 것을 알기에 몇 줄 편지를 띄워 이곳
사정을 말씀드리니 너그럽게 이해해 주시기 바랍니다. 돌아가는 시기는
초겨울이 될 것 같습니다. 애태우며 기다리지 말고 수도에 정진하면서
좋은 시절 좋은 만남 만들기를 간절히 바랍니다.

4

수덕문(修德文)
동학과 성리학

1862년 5월 사방의 벗들에게 '곧 은적암을 떠날 것이니 부디 자신을 찾지 말고 수양에 힘쓰라.'는 내용의 편지를 보낸 뒤 최제우는 한 달 남짓 은적암에 더 머물면서 〈수덕문(修德文)〉과 〈몽중노소문답가(夢中老少問答歌)〉를 지었다.

《동경대전》에서 가장 중요한 글 두 편을 꼽으면 〈논학문〉과 〈수덕문〉이다. 동학과 서학의 차이, 동학과 성리학의 차이를 드러내면 그것이 곧 동학의 성격이 되는데 〈논학문〉은 동학과 서학의 차이점을 보여 주고, 〈수덕문〉은 동학과 성리학의 차이점을 보여 주기 때문이다. 동학과 서학은 하늘을 섬긴다는 명목은 같아도 근본정신이 다르고, 동학과 성리학은 도덕성을 실현하자는 근본정신은 같아도 실현하는 방법이 다르다고 최제우는 말한다. 동학과 서학의 차이점은 〈논학문〉에서 살펴보았고, 이제 〈수덕문〉에서 살펴볼 내용은 동학과 성리학의 차이점이다.

〈수덕문〉은 크게 두 부분으로 나눌 수 있다. 앞부분은 자신의 가계(家系)와 지금까지 살아온 역정(歷程)을 소개하는 내용으로 최제우의 인간적인 면모와 진솔함을 엿볼 수 있다. 이 부분에서 최제우는 영남 지방의 이름난 유학자였던 아버지에 대한 존경심과 그리움을 통해, 동학이 성리학의 근본정신에서 벗어난 것이 아님을 은연중에 내비친다. 동학과 성리학의 관계는 동학의 창시자인 최제우와 영남 유학자인 아버지의 관계이기도 하다. 동학이 성리학, 특히 퇴계학파의 철학을 계승한 측면을 이 부분에서 엿볼 수 있다.

〈수덕문〉의 뒷부분에서는 동학과 성리학의 차이점을 밝히고 있다. 서학에 대한 비판이 거침없었던 것에 비해 성리학에 대한 비판은 매우 조심스럽게 진행된다. 성리학에 대비되는 동학의 특징은 첫째, '양심이 곧 하늘'임을 선포함으로써 지극히 까다로운 성리학의 수양 이론을 단순화했다는 점이고, 둘째, 동학에서 말하는 양심은 배운 자들의 양심만이 아니라 백성 일반의 양심임을 천명함으로써 양반 관료의 도덕성에 의해 펼쳐지는 애민(愛民) 정치가 아니라 민중의 도덕성에 의해 건립되는 평등 사회를 지향했다는 점이다. 동학과 성리학의 확연한 차이점을 이 부분에서 살필 수 있다.

수덕문

(1) 최제우의 가계(家系)와 역정(歷程)

봄에 싹트고 여름에 성장하고 가을에 열매를 맺고 겨울에 생명력을 저장하는 것은 하늘의 일이요, 올바른 마음을 잘 살펴서 그 마음을 잃지 않는 것은 사람의 일이다. 공자 같은 성인(聖人)은 좋은 기질을 지니고 태어나서 스스로 자연의 이치를 깨닫고 실천했다. 선배 유학자들은 보통 사람의 기질을 지니고 태어나 성인(聖人)이 전수한 가르침을 배움으로써 자연의 이치를 깨닫고 실천했다. 나는 우둔한 기질을 지니고 태어나 많은 노력을 통해 자연의 이치를 깨달았다. 학식은 부족하지만 내 말 또한 공자의 가르침을 따르는 것이며 선왕(先王)들의 예법에서 벗어난 것이 아니다.

✤ 사계절의 변화는 저절로 이루어지는 것이지만 문명은 사람들이 만들어 가는 것이다. 여름이 가고 가을이 오는 것은 저절로 이루어지지만 바람직한 사회는 그 사회를 구성하는 사람들의 도덕성과 노력에 의해 만들어진다. 그래서 유학자들은 사람의 마음을 다른 무엇보다 중시했다. 유학자들은 마음 씀씀이를 두 종류로 나누어, 주체

적으로 도덕성을 발휘하는 마음을 도심(道心)이라 했고 욕망에 이끌리는 마음을 인심(人心)이라 했다. 예를 들어 지하철에서 남의 지갑을 주웠을 때 주인을 찾아 주고 싶은 마음도 들 것이고 슬쩍 챙기고 싶은 마음도 들 것이다. 이때 주인을 찾아 주자는 마음이 도심이고 슬쩍 챙기자는 마음이 인심이다. 유학자들은 이러한 두 종류의 마음 씀씀이 중에서 도심을 깨닫고 도심에 따라 사는 것을 궁극적인 목표로 삼았다.

유학자들은 또 도심을 깨닫는 자질과 방식에 따라 사람을 세 부류로 나누었다. 공자 같은 사람은 훌륭한 자질을 지니고 태어나 스스로 도심을 깨달았다고 해서 '생이지지(生而知之)'라 했고, 보통 사람들은 예(禮)를 배워 실천하는 과정 속에서 도심을 깨닫게 된다고 해서 '학이지지(學而知之)'라 했고, 그보다 못한 사람들은 남보다 열 배 백배 노력해야 비로소 도심을 깨닫게 된다고 해서 '곤이지지(困而知之)'라 했다.

조선 시대 양반들은 상민을 '아무리 노력해도 배우지 못하는 사람들[困而不學(곤이지지)]'로 생각했다. 여기에서 최제우가 말하고자 하는 것은 어리석은 사람들로 지칭되는 민중들도 마음만 먹으면 도심을 깨닫고 도심에 따라 살 수 있다는 것이다. 본문에서 자신을 '많은 노력을 기울여 겨우 자연의 이치를 깨달은 경우[困而得之(곤이득지)]'로 묘사한 것도, 자기 자신을 예로 들어 민중도 도심에 따라 살 수 있다는 것을 밝히고자 함이다. 이에 대한 구체적인 설명은 〈수덕문〉 뒷부분에 나오는데 그것이 성리학과 동학의 차이점이 된다.

이런 이야기를 하기에 앞서 최제우는 자신의 가계와 인생 역정을 소개하고 있다. 전라도 남원에서 이 글을 썼기 때문에, 또 자신을 직접 만나지 못한 사람들에게 보내는 글이기에 자신을 소개할 필요가 있었을 것이다. 여기에서 우리가 주의할 점은 최제우가 자신과 자신의 이웃을 어떻게 이해하고 있느냐 하는 점이다. 만약 최제우가 자신은 특별한 사람이고 큰 깨달음을 얻었다고 자랑하는 사람이라면 그는 인간의 종교성 또는 인간의 나약함을 파고드는 사기꾼일 것이다. 그러나 최제우는 매우 건전한 사람이었다. 첫째, 최제우는 자신이 과거에 어떤 점을 잘못 생각했는지 솔직하게 고백하고 반성한다. 둘째, 자신처럼 부족한 사람도 깨달음을 얻었다는 것을 '누구나 깨달음을 얻을 수 있다.'는 증거로 제시한다. 이러한 점에 주목하면서 최제우의 자기 소개서를 읽어 보자.

나는 경주 사람으로 세월만 축내며 겨우 "누구네 집 후손이다."는 말이나 듣고 사는 가난한 선비였다. 7대조 최진립(崔震立) 할아버지는 임진왜란과 병자호란 때 의병을 일으켜 적과 싸웠던 분인데 그 활약상이 지금까지 경주 용산 서원(龍山書院)에 보존되어 있다. 이 같은 조상의 음덕이 끊이지 않고 흘러 내려와서 아버지는 학자로서의 명성이 경상도 일대에 자자해 최옥(崔鋈)이라는 이름을 모르는 선비가 없었다. 7대조 할아버지는 충절로 이름을 떨쳤고 아버지는 학문으로 이름을 떨쳤으니 어찌 나의 복이 아니겠는가?

✤ 최제우의 7대조 최진립(崔震立, 1568~1636)은 1592년 임진왜란이 일어났을 때 마을 청년 수십 명을 이끌고 이조리(伊助里)에 주둔하고 있던 왜군을 야간에 기습해 소탕했고, 1597년 정유재란 때에는 무관으로 전투에 참여해 여러 차례 부상을 당하며 많은 전과를 올렸다. 전라우도 수군절도사 등을 역임했다. 1636년 병자호란 때에는 공주 영장으로서 경기도 용인의 험천(險川) 전투를 선두 지휘하던 중 온몸에 화살을 맞고 전사했다. 1637년 병조 판서에 추증되었다. 이렇게 외적과 맞선 조상을 강조한 것은 최제우가 '개 같은 왜적 놈', '십이제국 괴질운수' 운운하며 일본과 서양의 침략에 대해 크게 경계하는 하나의 배경으로 이해할 수도 있겠고, 동학은 보국안민(輔國安民)의 학문임을 내비치는 것으로 이해할 수도 있겠다.

최제우의 아버지 최옥(崔鋈, 1762~1840)은 경주 지방의 이름난 유학자였다. 영남 지방의 유학자들은 전통적으로 퇴계 이황의 학설을 따랐는데 이들을 '영남 남인'이라고 한다. 최옥은 이상정(李象靖)의 제자 이상원(李象遠)에게서 10년 동안 수학했는데, 이상정은 영조 재위 시절 영남 남인의 중심인물이었다. 아버지가 정통 퇴계학파에 속하는 사람이었다는 것도 최제우를 이해하는 데 중요한 요소가 된다. 퇴계학파에서는 도심을 사단(四端)으로 설명하는데, 이것은 '사심(私心)이 배제된 네 종류의 순수한 마음[四端(사단)]'을 선행(善行)의 나침반으로 삼은 것이다. 반면에 율곡 이이의 학설을 따르던 율곡학파에서는 도심을 '예법에 따르는 마음'으로 설명하는데, 이것은 예법을 선행의 나침반으로 삼은 것이다. 퇴계학파에서 말하는 도심은 '도(道)로 삼을 수 있는 마음'을 뜻하고 율곡학파에서 말하는 도심은 '도(道)를 준수하는 마음'을 뜻한다. 전자는 마음을 도(道)로 여기는 것이고 후자는 예법을 도(道)로 여기는 것이다. 여기에서 도(道)는 '선행(善行)으로 안내하는 길'을 의미한다. 요컨대 퇴계학파에서는 '선한 마음이 우리를 선행으로 인도한다.'고 본 것이고 율곡학파에서는 '예의가 우리를 선행으로 인도한다.'고 본 것이다.

율곡학파와 비교할 때, 퇴계학파에서 선한 마음을 도심으로 삼는 것과 최제우가 양심에 따라 살자고 하는 것 사이에는 커다란 공통점이 있다. 이것이 최제우가 아버지의 영향을 받은 점이다. 누구나 마찬가지이기는 하지만 특히 최제우는 아버지에 대한 존경심과 그리움이 남달랐다. 최제우가 성리학을 전면 부인했다면 이는 아버지의 학문을 전면 부인하는 것이 된다. '내가 그토록 존경하고 그리워하는 아버지의 학문을 부인할 리가 있겠는가! 나는 성리학을 부인하는 것이 아니다.' 최제우는 자신의 가계를 밝히며 암암리에 이렇게 말하고 있는 것이다.

아, 학자의 삶이란 봄날의 꿈처럼 덧없는 것이런가. 어느덧 나이 사십이 되어 아버지는 과거 공부라는 게 쓸데없는 짓이라는 것을 깨닫고는 벼슬길을 단념하셨다. 혼탁한 세상을 살며 벼슬을 버리고 은둔 생활을 했던 도연명(陶淵明)의 〈귀거래사(歸去來辭)〉를 빌려와 글을 짓고 읊조리셨다. 막대 하나 들고 나막신 신고 나들이하실 때면 영락없는 산림처사의 행색이었다. 군자의 모습은 높은 산과 같고 흐르는 강과 같다고 했는데 아버지의 모습이 꼭 그러하셨다.

아버지가 사시던 곳은 경주 구미산(龜尾山) 용담정(龍潭亭)이다. 기암괴석이 즐비한 구미산은 월성과 금오산의 북쪽에 위치해 있고 아름답게 흐르는 구미산의 용담 계곡은 경주군 현곡면(見谷面) 마룡(馬龍)의 서쪽에 위치해 있다.

아버지의 마음을 아는 것일까? 동산에 핀 복사꽃은 도연명의 〈도화원기〉에 나오는 복사꽃처럼 행여 누가 찾아올까 두려워하는 듯했다. 강태공이 곧은 바늘로 낚시를 하며 세월을 보냈듯 아버지는 집 앞 용담 계곡의 맑은 물결을 거닐며 세월을 보내셨다. 용담 계곡을 마주하여 정자를 짓고 후학을 가르치신 것은 염계(濂溪) 곁에 정자를 짓고 후학을 가르쳤던 주돈이(周敦頤)를 따르고자 하는 마음이었고, 정자 이름을 용담정(龍潭亭)이라 지은 것은 스스로 와룡(臥龍)이라 이름 짓고 은거했던 제갈량(諸葛亮)을 본받고자 하는 마음이었다.

✦ 중국 동진 시대의 도연명(陶淵明, 365~427)은 정치 현실에서 자신의 이상을 구현하고자 했지만 '더 이상 희망이 없다.'는 절망감을 느끼고 전원생활로 돌아간 대표적인 사람이다. 그의 〈귀거래사〉는 관

료 사회에서 느낀 절망감을 전원생활에 대한 그리움으로 표출한 작품이었다.

최제우의 아버지 최옥 또한 현실에서 깊은 절망감을 느낀 사람이다. 최옥이 과거에 대한 미련을 버리고 은둔 생활을 선택한 시기는, 정조가 죽고 어린 순조가 즉위해 안동 김씨가 세도 정치를 시작하던 때였다. 조선 시대에는 정치 현실이야 어쨌든 유학자들의 공론(公論)에 따르는 것을 이상적인 정치로 여겼는데, 이러한 명분마저 완전히 파괴된 시기가 바로 이 시기였다. 최옥이 과거에 대한 미련을 버린 것은 40세 무렵이고 도연명의 〈귀거래사〉를 차용해 글을 지은 것은 70세 무렵이었다. 40세 이후에는 후학을 가르치는 일에만 뜻을 두고 용담정에 은거했다. 여기에서 중요한 것은 '은거했다'는 사실이 아니라 '현실에 대해 깊은 절망감을 느꼈다.'는 사실이다. 이 글을 쓰고 있는 38세의 최제우도 현실에 대한 절망감 때문에 동학을 창시했다. 따라서 동학은 아버지의 학문인 성리학을 배반한 것이라기보다는 아버지의 절망감에 대한 최제우의 답변이기도 하다.

주돈이(周敦頤, 1017~1073)는 중국 북송 시대의 철학자다. 24세부터 56세까지 관리 생활을 하고 관직을 물러난 다음부터 여산(廬山) 언덕에 서당을 짓고는 그곳에 거주했다. 서당 앞에 흐르는 시냇물을 염계(濂溪)라 이름 지었는데 이 때문에 후세의 학자들이 그를 염계 선생이라 불렀다. 제갈량(諸葛亮, 181~234)은 《삼국지》의 중심인물로 잘 알려져 있다. 어릴 때 부모를 잃고 17세 때부터 홀로 초가집을 짓고 밭을 갈아 생계를 유지하며 경전(經傳)과 역사를 두루 공부했다. 이러한 제갈량의 모습이 '하늘로 오를 때를 기다리며 깊은 연못에 잠겨 있는 용'의 모습과 같다고 하여 사람들은 그를 와룡(臥龍) 선생이라 불렀다. 유비(劉備, 161~223)가 제갈량을 얻기 위해 제갈량의 초가집을 세 번 찾아갔다는 '삼고초려(三顧草廬)'의 고사로도 유명하다. 제갈량의 자(字)를 따서 흔히 제갈공명으로 부른다.

속절없이 흘러가는 세월을 누가 막을 수 있으랴! 어느 날 문득 아버지 돌아가시고 나 홀로 덩그러니 남았다. 그때 내 나이 열일곱, 무엇을 알았으랴? 세상 물정 모르는 어린애일 뿐이었다. 아버지께서 평생 써 놓으신 글들이 불에 타 흔적 없이 사라져 불효를 한탄할 뿐 다른 일은 마음에 들어오지도 않았다. 결혼을 하고 나서는 가정 살림을 꾸려야 했으나 농사도 지을 줄 몰랐고 과거 시험을 볼 만큼 공부를 열심히 한 것도 아니어서 과거 시험을 볼 수도 없었다. 가정 살림은 점점 빈궁해져서 어찌 살아야 할지 걱정이었다. 나이는 들어가는데 신세는 더 처량해지고 내 인생 어찌될까 헤아려 보니 가난에 허덕이며 살아가는 모습이 뻔히 보이는지라 근심이 없을 수 없었다.

✛ 위 본문 내용은 최제우가 태어나서 20세가 될 때까지의 상황이다. 최제우는 10세 때 어머니가 돌아가셨고 17세 때 아버지가 돌아

가셨다. 19세 때 삼년상을 마치고 울산 박씨와 결혼했다. 어린 나이에 부모를 잃고 혼자 살아가자니 눈앞이 캄캄했을 것이다.

본문에 과거 준비를 했다는 이야기가 나오는데 무과(武科)를 준비했다는 이야기인 듯하다. 최제우는 재혼녀의 자식이었기 때문에 문과(文科)에는 응시할 수 없었다. 최제우의 아버지는 36세 때 첫 번째 부인과 사별했고 39세 때 두 번째 부인과도 사별했다. 후사를 이을 친아들이 없었기 때문에 63세 때 다시 결혼해 최제우를 낳았다. 아버지와 어머니의 결혼은 아버지 쪽에서는 세 번째 결혼이었고 어머니 쪽에서는 두 번째 결혼이었다.

그 뒤 최제우는 무과 공부도 포기하고 21세 때부터 31세 때까지 전국을 떠돌며 장사하는 것으로 생계를 유지한다. 10년간 전국 방방곡곡을 누비며 온갖 불합리·부조리·부도덕이 판치는 세상, 도참(圖讖) 신앙과 서학이 팽배한 현실을 목도한다. 이러한 경험을 통해 아버지의 절망감이 무엇이었는지를 깨닫게 된다. 그리고 그 자신도 느낄 수밖에 없었던 이러한 절망감을 딛고 일어서기 위해, 이 문제에 평생을 걸겠노라 결심하고는 아버지가 후학을 가르치던 곳, 용담정으로 돌아가 본격적인 모색 작업에 들어간다. 아래에 이어지는 내용은 31세 때 장사를 그만두고 울산에 정착해 5년여 동안 살다가 큰 결단을 내리고 고향으로 돌아갈 때부터의 이야기다.

(2) 내 마음이 참으로 옳다고 생각하는 것 그것이 곧 참된 것이다

어느덧 사십 가까운 나이, 살아온 날들을 되돌아보니 이룬 것 하나 없어 한숨이 절로 났다. 나는 몸 누일 집 한 칸 마련치 못했건만 어느 누가 이 세상이 넓다고 말하는가? 사업은 할 때마다 실패해서 내 한 몸 감당하기도 어려웠다.

그러다가 엉킨 실타래 같은 세상사를 털어 버리고 마음속 잡다한 사념들을 떨쳐 버리고 1859년 10월 처자식을 데리고 내 고향 경주 용담으로 갔다. 경주 용담, 아버지가 후학을 가르치던 곳, 시운(時運)을 타고 이곳에서 깨달음의 계기를 만난 것은 1860년 4월의 일이다. 깨달음의 계기라고 해 봐야 꿈속에서 일어난 일이었고 말로 표현하기도 어려운 애매모호한 일이었다. 그리하여 《주역》과 《중용》 등을 공부하며 나의 깨달음을 확인해 보았다. 그리고 나서야 비로소 선배 학자들의 학문이란 것이 천명(天命)에 따르는 것이었음을 깨달았다. '나는 왜 그것을 까마득히 잊고 살았던가?' 탄식하며, 깨달은 바대로 수양해 보니 자연의 이치에 부합(符合)하지 않는 것이 없었다. 공자의 가르침도 깨닫고 보니 모두 '자연의 이치에 따라 성실하게 살아야 한다.'는 것을 밝혀 놓은 것이었다. 공자의 가르침과 나의 깨달음을 비교해 보면 성실하게 살아야 한다는 원칙은 같지만 성실함에 이르는 방법이 다르다. 분명치 않던 것이 확연해져서 모든 의혹을 떨치고 나니 나의 깨달음은 '언제나 변함없는 자연의 이치에 순응하는 것'이었고 고금(古今)의 일들에 견주어 보니 사람들이 지금까지 해 온 일들이었다.

깨달음을 남에게 전할 생각은 미처 하지 못하고 성실함을 이루는 방법만을 모색하고 있었다. 이렇게 지내고 있었는데 1861년 6월 여름이 되자 도처에서 어진 벗들이 찾아와 자리를 가득 메웠다. 그래서 우선 수양하는 방법을 밝혔다. 찾아온 어진 선비들이 내게 자세히 물어보고, 깨달음을 세상 사람들에게 전하라고 권유했다. 우리 마음속에는 영원히 변치 않는 이치가 있으니 그것을 형상화하면 태극 모양이다. 그 마음 영원히 잃지 않겠다는 뜻의 주문을 만들어 읊조리니 그것이 21자 주문이다.

✤ 도연명이 현실에 절망하고 전원으로 돌아가 〈귀거래사〉를 지은 것이 마흔 무렵이었고, 아버지가 현실에 절망하고 용담정에 은거하며 후학을 가르치기 시작한 것이 마흔 무렵이었다. 최제우도 이제 마흔 가까운 나이가 되어 자신의 고민을 해결하기 위해 아버지가 후학을 가르쳤던 곳, 용담정으로 되돌아간다. 이때의 심정을 〈용담가〉에서는 다음과 같이 읊고 있다.

불우시지남아(不遇時之男兒)로서 허송세월(虛送歲月) 하였구나.
인간만사(人間萬事) 행하다가 거연(居然) 사십 되었어라.
사십 평생 이뿐인가 무가내(無可奈)라 할 길 없다.
구미(龜尾) 용담(龍潭) 찾아오니 흐르나니 물소리오,
높으나니 산이로세. 좌우 산천 둘러보니
산수는 의구(依舊)하고 초목은 함정(含情)하니

불효한 이내 마음 그 아니 슬플쏘냐.

오작(烏鵲)은 날아들어 조롱을 하는 듯고

송백(松柏)은 울울(鬱鬱)하여 청절을 지켜 내니

불효한 이내 마음 비감회심(悲感悔心) 절로 난다.

| 뜻풀이 | •**불우시지남아**(不遇時之男兒): 때를 만나지 못한 사내. 보통 '세상의 인정을 받지 못해서 또는 어려운 상황 때문에 품은 뜻을 펼치지 못한 사람'을 일컫는데, 여기에서는 '시대의 흐름을 알지 못했다'는 의미가 강하다. •**인간만사**(人間萬事): 세상사 모든 일. •**거연**(居然): 어느덧. •**무가내**(無可奈): 어쩔 수 없다. 뒤에 나오는 '할 길 없다'와 같은 뜻이다. '무가내'와 '할 길 없다'는 운을 맞추기 위해 같은 말을 되풀이한 것이다. •**의구**(依舊)**하고**: 여전하고. •**함정**(含情)**하니**: 여기에서는 '낯이 익다', '변함없이 반겨 주다'는 의미로 쓰였다. •**오작**(烏鵲): 까마귀와 까치. •**송백**(松柏): 소나무와 잣나무. 겨울에도 푸름을 잃지 않는 대명사로 쓰인다. •**울울**(鬱鬱)**하여**: 울창한 모습으로. •**비감회심**(悲感悔心): 슬픔과 회한.

✤ 위 가사에서 최제우는 사십 평생 헛되이 세월만 보내고 돌아오는 것이었기에 까치와 까마귀마저 자신을 조롱하는 것 같았다고 읊고 있다. '때를 만나지 못한 남자로서 헛되이 세월을 보냈다.'는 것은 어떤 의미일까? 최제우는 10년 동안 전국을 누비며 장사를 했고 울산에 정착해 쇠를 만들어 파는 철점을 경영했다. 위 가사에서는 '이런 일 저런 일 하다가 어느덧 나이 사십이 되었다.'고 읊고 있다. 이런 일 저런 일에 실패했기 때문에 헛되이 세월만 보냈다고 읊은 것일까?

최제우는 사업에 성공하지 못해서 헛되이 세월만 보냈다고 말한 것이 아니다. 오히려 먹고사는 데 급급해서 세상을 큰 눈으로 바라보지 못한 것을 '허송세월'로 표현한 것이다. 부귀를 얻지 못했기 때문에 헛되이 세월을 보냈다고 한탄한 것이 아니라 부귀를 좇아 발버둥치며 살았기 때문에 헛되이 세월을 보냈다고 한탄한 것이다. 최제우는 어린 나이에 부모를 여의었기 때문에 먹고사는 데 급급할 수밖에 없었다. 그러나 '영남의 이름난 유학자였던 아버지가 자신을 그렇게 가르쳤던가? 부귀를 인생의 목적으로 삼으라고 가르쳤던가? 고향 땅을 늠름히 지키고 있는 소나무와 잣나무 앞에 부끄럽지 않더냐?' 나이 서른여섯이 되어 비로소 이런 반성을 하게 된 것이다. 그래서 "엉킨 실타래 같은 세상사를 털어 버리고 마음속 잡다한 사념들을 떨쳐 버리는" 굳은 결심을 하고 아버지가 후학을 가르쳤던 용담정으로 돌아간 것이다. 고향 땅의 산수(山水)와 초목(草木)은 예전과 다름없이 돌아온 탕자를 반겨 주기에, 아버지의 뜻을 망각하고 살아온 불효자의 탄식과 회한이 그만큼 더 깊었던 것이다.

불효자의 탄식과 회한은 최제우를 사색에 잠기게 했고, 최제우는 깊은 사색 끝에 깨달음을 얻어 그것을 주문으로 만들었다. "양심의 소리 들려옵니다. 온 마음에 울려 퍼지기를 바라옵니다. 양심을 변함없이 보존해 내 마음을 티 없이 맑게 하고 평생 변함없이 양심에 따라 살겠습니다." 주문의 내용은 '양심이 바로 하늘이다.'는 말로 요약

된다. 이 말의 무게가 지금은 별로 느껴지지 않겠지만 조선 시대에는 매우 위험한 발언이었다. 지극히 엄격했던 조선 시대의 수양 이론을 부정하는 말이었으며 양반과 상민의 구분 자체를 허물어뜨리는 말이었기 때문이다.

최제우보다 조금 빠른 시기의 철학자 정약용(1762~1836)은 '도심이 곧 천명이다.'라고 주장했다. '도심이 곧 천명이다.'라는 말과 '양심이 곧 하늘이다.'라는 말은 그 자체로는 별 차이가 없다. 그러나 정약용은 양반 관료 체제의 틀을 한 치도 벗어나지 않는다. 궁핍에 찌든 백성들의 마음을 따스하게 안아 줄 줄 아는, 양심과 능력을 지닌 관료들이 다스리는 세상, 이것이 정약용이 꿈꾼 세상이었다. 정약용의《목민심서》,《흠흠신서》,《경세유표》는 이러한 이상을 담은 저작들이다. 정약용이 말하는 도심은 배운 자들의 도심, 양반 관료들의 도심이었지 일반 백성들의 도심을 가리키는 것이 아니었다. 유학은 공자부터 정약용에 이르기까지 철저히 양반 관료들의 학문이었다.

이에 비해 최제우가 말하는 양심은 배운 자들의 양심이 아니라 일반 백성들의 양심을 뜻한다. 정약용은 자신을 양반 관료로 생각했기 때문에 양반 관료들에게 도덕성을 요구했지만 최제우는 자신을 민중으로 생각했기 때문에 민중의 도덕성을 강조했다. 정약용은 양반 관료를 이 땅의 주인으로 생각했지만 최제우는 민중을 이 땅의 주인으로 생각했다. 정약용은 마지막 유학자였고 최제우는 새 시대의 개척자였다. 이처럼 최제우가 말하는 양심은 정치·사회의 코페르니쿠스 [1473~1543, 폴란드의 천문학자. 당시 사람들은 태양과 행성들이 지구를 중심축으로 회전한다는 '천동설(지구 중심설)'을 믿고 있었는데, 코페르니쿠스는 지구와 행성들이 태양을 중심축으로 회전한다는 '지동설(태양 중심설)'을 주장했다]적인 전환을 요구하는 것이었기 때문에 '양심이 곧 하늘이다.'는 말이 민간에 급속히 확산되는 것은 히로시마에 원자 폭탄이 떨어진 것보다 더 위협적인 것이었다.

깨달음을 전할 생각으로 문을 열어젖히고 본격적으로 사람들을 맞이하니 그 수가 제법 되었고 자리를 펴고 수양하는 방법을 가르치니 그 맛이 그럴 듯했다. 결혼한 젊은이들이 들락거리니 공자가 삼천 제자를 거느리는 모습이었고, 어린아이들이 인사를 올리니 공자의 제자 증석(曾晳)이 젊은이와 어린이들을 데리고 목욕하고 바람 쐬며 놀다가 노래하며 돌아오고 싶다던 그 모습이었으며, 나보다 나이 많은 사람이 내게 예를 갖추니 나이가 더 많았던 자공(子貢)이 공자에게 예를 갖추는 모습과 같았다. 노래하고 춤추며 함께 도(道)를 깨치니 공자가 제자들을 가르치던 모습과 무엇이 다르랴.

인의예지(仁義禮智)는 공자의 가르침이요, 수심정기(修心正氣)는 내가 다시 밝힌 것이다. 정성껏 제사를 올리고 주문을 외우며 영원히 섬기겠다고 맹세하는 것은 모든 의혹을 떨쳐 버리고 한평생 성실하게 살아가고자 함이다. 유학자들은 공경하는 마음으로 옷을 깨끗이 차려입고 와서 배움을 청했고 상민(常民)들은 오는 중에 길에서 밥 먹고 서로를 재촉하며 와서 배움을 청했다.

✤ 최제우는 자신을 민중의 한 사람으로 여기면서도 윗글에서는 자신을 성인(聖人)의 대명사인 공자에 견주고 있다. 성인과 보통 사람의 거리가 천 리였던 데에서 종이 한 장 차이로 좁혀진 것이다. 유학자들은 엄격한 수양을 통해서만 인의예지(仁義禮智)를 체득할 수 있다고 생각했다. 이렇게 생각하면 성인은 보통 사람이 감히 넘볼 수 없는 경지다. 최제우가 말하는 수심정기(修心正氣)는 자신의 양심을 밝히는 것이고 양심 속에는 이미 인의예지가 다 담겨 있기 때문에, 구태여 인의예지를 체득하기 위한 엄격한 수양을 고수할 필요가 없다. 이렇게 생각하면 성인과 보통 사람의 거리는 종이 한 장 차이로 좁혀진다. 따라서 성리학은 양반들의 전유물이었지만 동학은 모든 사람에게 열려 있는 것이 된다. 이제는 나무꾼이라고 함부로 무시할수 없는 상황이 되는 것이고, 학식에 기반을 둔 유학자들의 권력 독점이 더 이상 민중들에게 영향을 발휘할 수 없는 상황이 되는 것이다.

동학하는 사람들은 짐승의 상한 고기를 조금도 먹지 말라. 수양한답시고 찬물에 갑자기 들어가지 말라. 몸에 해로울 뿐이다. 아녀자들은 함부로 출입하지 말라. 나라에서 법으로 금지하고 있기 때문이다. 엎드린 자세로 주문을 외우지 말라. 자세가 바르지 못하면 성실함을 얻을 수 없다. 이와 같이 늘어놓고 이것을 지켜야 할 규율로 삼으니, 아름답구나, 동학을 행하는 사람들이여.

붓을 들어 글을 쓰니 왕희지(王羲之)의 필체요, 입을 열어 주문을 읊조리니 누가 나무꾼이라고 무시하랴? 지난 잘못을 뉘우치니 억만금을 준다 해도 우리 마음 유혹하지 못하네. 지극히 성실한 아이의 총명함은 사광(師曠)에 못지않네. 풍모가 달라지니 신선의 풍모요, 오랜 병 절로 나으니 편작(扁鵲)이 따로 없네.

그러나 도(道)가 이루어지고 덕(德)이 서는 것은 사람의 정성에 달려 있는 법! 어떤 사람은 떠도는 말을 듣고 그에 따라 수양하고 어떤 사람은 떠도는 주문을 듣고 그 주문을 외우니 어찌 잘못됨이 없겠는가? 그래서 나는 동동 발 구르며 안타까워하지 않은 날이 없다. 아무리 내용이 좋아도 방법이 그릇되면 잘못되기 십상이다. 이것은 나와 직접 대면하지 못한 탓이요, 많은 사람이 모여들어 수가 너무 많기 때문이다. 멀리서 돕고자 하나 직접 만나고 싶은 마음 또한 간절하다. 가까이에서 정을 나누고 싶지만 동학을 이단으로 몰아가는 조짐이 있어 만나지 못하고 있다. 그래서 이 글을 지어 널리 알리니 여러분들은 내 말을 명심하기 바란다.

✥ 위 첫 단락에서는 동학의 계율 네 가지를 말하고 있다. 먼저 여인의 출입을 금지시킨 것은 국법 때문에 어쩔 수 없이 취한 조치였다. 남녀가 모임에 함께 참여하는 일로 동학을 지탄하는 글이 여러

곳에서 나왔기 때문이다. 그 다음 '상한 고기를 먹지 말라'는 계율은 주의 사항에 가깝다. 그 당시는 음식이 워낙 귀한 때여서 고기가 조금 상했어도 끓여서 다시 먹는 경우가 다반사였고, 전염병에 걸린 소를 땅에 묻으면 동네 청년들이 밤에 몰래 파내서 불에 익혀 먹는 경우도 많았다. 몸에 지장이 없으면 다행이지만 한 때의 허기를 달래지 못해서 전염병에 걸리거나 비명횡사(非命橫死)하는 경우가 허다했을 것이다. 이런 행동을 삼가라는 것이다. 동학에서는 전염병을 방지하기 위해서 위생과 청결을 많이 강조했다. 그 다음 '찬물에 급하게 들어가지 말라'는 계율도 주의 사항에 가깝다. 동학에서는 '맑은 마음'을 강조한다. 그래서 그런지 마음을 맑게 하기 위해 찬물에 들어가 좌선하는 사람도 많았던 것 같다. 이런 유별난 행위는 몸을 해치는 것일 뿐 수양하고는 별 상관이 없으니 삼가라는 것이다. 이 세 가지 주의 사항을 제외하면 동학의 계율은 '주문을 누워서 낭송하지 말라'는 한 가지다. 성실한 자세를 강조한 것이다.

둘째 단락은 특히 주목할 부분이다. 명필(名筆)의 대명사인 왕희지처럼 글을 잘 쓰는 사람, 명의(名醫)의 대명사인 편작처럼 자신의 병을 다스릴 줄 아는 사람, 총명한 사람의 대명사인 사광만큼이나 똑똑한 아이, 신선의 풍모를 갖춘 사람, 억만금을 주어도 자기 양심을 지키는 사람, 이들은 어떤 사람들인가? 양반이 아니라 나무꾼이다! 양반이 아니라 농사짓고 장사하는 민중 일반, 그리고 그들의 자녀들이다! 최제우는 이들에게 나무꾼도 사람답게 살 수 있다는 희망을 주었고 이들은 이러한 희망에 환호했다. 그리고 최제우는 이들에게 단 하나의 조건을 제시한다. 성실하게 살아야 한다는 것!

성(誠)은 환(幻)의 반대말이다. 성은 '진짜'를 의미하고 환은 '가짜'를 의미한다. '양심이 곧 하늘이다.'라고 할 때 가장 위험한 것은, 가짜를 진짜로 착각하는 것이다. 알고 보면 욕망에 따라 사는 것인데 착각해서 이것이 양심에 따라 사는 것이라고 자신이 자신을 속이기 시작하면 다른 방법이 없다. 독재 정치로 국정(國政)을 농단하고 시민을 탄압하는 사람들에게도 사명감은 있고 그것을 자신의 양심으로 착각하기도 한다. 양심을 강조하다 보면 이처럼 정반대의 모습을 띨 수 있기 때문에 성(誠)을 누누이 강조한 것이다.

양심에 따라 살기 위해서는 먼저 무엇이 양심인 줄을 확실히 알아야 한다. 아래에서는 양심을 확인하는 방법에 대해 말한다.

동학에서는 마음에 와닿아 믿는 것을 참된 것(誠)으로, 무턱대고 믿는 것을 거짓된 것(幻)으로 여긴다. 믿을 신(信) 자를 통해서 성(誠)의 의미를 살펴보자. 신(信) 자는 인(人) 자와 언(言) 자가 합쳐져 이루어진 글자이다. 누가 무슨 말을 하면 옳은 것과 그른 것을 구별하여 옳은 것은 취하고 그른 것은 버려라. 확신이 들 때까지 거듭거듭 생각하라. 마음에 확신이 서고 나면, 믿지 못할 것과 믿을 것을 확연히 알게 된다. 이와 같은 방식으로 수양하면 진짜와 가짜를 구별하게 된다. 참된 믿음으로 진짜와 가짜를 구별하는 척도는 멀리 있지 않으니, '내 마음이 참으로 옳다고 생각하는 것' 그것이 곧 참된 것이다. 사람의 말은 참과 거짓을 분별하는 것으로서 이루어지는 것이니 먼저 확신할 수 있는 것을 밝혀야 성실함을 이룰 수 있다. 지금 이처럼 명확히 밝혔으니 어찌 믿을 말이 아니겠는가! 늘 삼가는 태도로 성실함을 이루기 바란다. 내 말을 어기지 말기를 바라 마지않는다.

✝ 신(信)은 부합(符合)하다는 의미를 지니고 있다. 두 조각의 이가 맞을 때 부합한다고 말한다. 예를 들면, 약속을 잘 지키는 사람을 일컬어 신의(信義)가 있는 사람이라고 말하는데 말과 행동이 일치한다는 의미다. 붕우유신(朋友有信)도 '벗끼리 의심하면 안 된다.'는 말이 아니라 '친구에게 한 약속은 반드시 지켜야 한다.'는 의미에 가깝다.

이 단락에서 최제우는 "마음으로 확신하는 것이 있다면 그것이 바로 참된(誠, 성실한) 것이다."라고 말한다. 무엇이 성실한 것이냐? 진짜 마음과 가짜 마음은 어떻게 구별하는가? 마음으로 확신할 수 있는 것, 그것이 곧 진짜 마음이요, 성실한 것이라고 최제우는 말한다. 이것이 동학 수양 이론의 핵심이다.

참되다고 믿는 것이 참됨을 보증할 수 있을까? 내가 아름답다고 느낀다고 해서 저 꽃이 정말 아름다운 것일까? 성리학에서는 아름답다고 느끼는 것과 아름답다는 사실을 구별했다. 부모의 눈에는 잘 생긴 다른 집 아이보다 못생긴 자기네 아이가 예뻐 보이는 법이다.

성리학자들은 이러한 착각을 늘 경계해 왔고 그러다 보니 엄격한 수양 이론을 전개했다. 수양 이론이 엄격하면 엄격할수록 양반과 상민의 신분 차별도 엄격해지기 마련이다. 유학자들에게 백성들이란 옳고 그름을 제대로 구분할 줄 모르는 아이와 같다. 강가에 내놓은 아이를 대하듯 백성을 어여삐 대해 주고 때때로 위험한 짓하지 말라고 경고하는 사람이 훌륭한 유학자였고 그러한 정치가 애민(愛民) 정치, 위민(爲民) 정치였다.

이에 반해 최제우는 다음과 같이 생각한다. '미심쩍을 때는 욕심을 버리고 두 번 세 번 반복해서 생각해 보라. 그러면 누구라도 진실을 알 수 있다. 욕심만 버리면 사람의 마음은 저울이나 자 못지않게 정확한 판단력을 지니고 있다. 꽃이라는 말에는 이미 아름답다는 의미가 포함되어 있고 독버섯이라는 말에는 이미 먹지 말라는 경고가 포함되어 있다. 사람[人]의 말[言] 곧 믿음[信]은 이처럼 진실[誠]을 담고 있는 그릇이다. 사람의 판단력[信]은 이처럼 참된 것[誠]과 매우 가까운 거리에 있다. 진실한 것이 아닌데 왜 믿겠는가? 확신하는 것은 그것이 진실한 것이기 때문이다. 여기에는 신분의 차이가 있을 수 없다.'

부모님을 모신다는 말이 있다. 무엇이 부모님을 모시는 것인가? "맛있는 음식과 필요한 용돈은 제가 다 마련해 드리겠습니다. 모든 일은 제가 다 알아서 할 테니 아무 일도 하지 마십시오." 하면서 부모님을 안방에 모셔 두는 일이 진정 부모님을 모시는 것일까? 아니면 부모님이 부모님 역할을 다할 수 있도록 배려하는 것이 부모님을 모시는 것일까? 부모님을 백성으로 바꾸어 보자. "너희들에게 안락한 생활을 제공해 줄 테니 내 말을 무조건 따르라."라고 한다면 이것이 진정 백성을 위하는 것일까? 아니면 백성들 스스로 제 역할을 해낼 수 있는 사회를 만드는 것이 백성을 위하는 것일까? 동학에서는 "사람이 하늘"이라고 말했고 "사람을 모시는 일이 하늘을 모시는 일"이라고 말했다. 동학은 묻고 있다. 무엇이 애민 정치이고 무엇이 위민 정치인가? 무엇이 사람을 섬기는 일인가? 최제우가 소망한 세상은 훌륭한 양반 관료들의 도덕성에 의해 좌우되는 세상이 아니라 백성들 각자가 제 삶의 진정한 주인이 되는 세상이었다. 이럴 때만이 참된 세상이 이루어진다고 보았고 이런 사회를 개벽 세상이라고 불렀다.

※   ※   ※

◦《용담유사》로 보는 동학의 민중성

〈수덕문〉을 통해 동학과 성리학의 차이에 대해 살펴보았다. 성리학자들은 엄격한 수양 이론을 전개했다. 수양이 엄격하면 엄격할수록 양반과 상민의 신분 차별도 엄격해지기 마련이다. 양반과 상민의 구분을 엄격히 하고 도덕성을 갖춘 양반 관료가 백성을 제대로 다스리는 것이 성리학에서 표방하는 애민(愛民) 정치였다. 최제우는 '양심이 곧 하늘'임을 선포함으로써 지극히 까다로운 성리학의 수양 이론을 단순화했다. 양반에게만 도덕성이 있는 것이 아니라 민중에게도 똑같은 도덕성이 있음을 천명함으로써 민중의 도덕성에 의해 건립되는 평등 사회의 가능성을 열었다. 정리하자면 성리학은 양반의 도덕성에 대한 담론이고 동학은 민중의 도덕성에 대한 담론이며, 성리학은 신분 질서의 근거가 되는 철학이고 동학은 평등 사회의 근거가 되는 철학이다.

아래에서는 〈수덕문〉과 같은 시기에 지은 〈몽중노소문답가(夢中老少問答歌)〉와 〈검가(劍歌)〉를 통해 동학의 민중성에 대해 좀 더 살펴보자. 동학의 민중성은 '민중의 도덕성'과 '평등 사회'를 필수 요건으로 한다. 이 두 요소를 함께 고려하지 않으면 동학을 크게 오해하게 된다. 먼저 〈몽중노소문답가〉 발췌문을 살펴보고 그 다음 〈검가〉 전문(全文)을 살펴보도록 하자.

> 평생토록 하는 근심, 효박(淆薄)한 이 세상의
> 군불군(君不君)·신불신(臣不臣)과 부불부(父不父)·자부자(子不子)를
> 밤낮으로 탄식하니, 울울한 그 회포는
> 가슴에 가득한데 아는 사람 전혀 없어
> 처자·산업 다 버리고 팔도강산 다 밟아서
> 인심·풍속 살펴보니 무가내(無可奈)라 할 길 없네.

위 가사에서 최제우는 "임금이 임금답지 못하고[군불군(君不君)] 신하가 신하답지 못하며[신불신(臣不臣)] 아비가 아비답지 못하고[부불부(父不父)] 자식이 자식답지 못한[자부자(子不子)]" 세상이라고 한탄하고 있다. "효박(淆薄)"하다는 것은 '인심이 각박하다'는 말이고 "무가내(無可奈)"는 '어쩔 수 없다', '달리 방법이 없다'는 뜻이다. 도덕이 없는 세상, 인심이 사나울 대로 사나워져서 치유할 수 없는 지경에 이른 세상, 이것이 최제우의 근본적인 문제의식이었다.

우습다, 세상 사람. 불고천명(不顧天命) 아닐런가.
괴이한 동국 참서(東國讖書) 추켜들고 하는 말이
이전 임진왜란 때는 이재송송(利在松松) 하였었고
가산(嘉山) 정주(定州) 서적(西賊) 때는 이재가가(利在家家) 하였으니
어화, 세상 사람들아, 이런 일을 본받아서
생활지계(生活之計) 하여 보세.
(중략)
매관매직(賣官賣職) 세도자(勢道者)도 일심(一心)은 궁궁(弓弓)이오,
전곡(錢穀) 쌓인 부첨지(富僉知)도 일심은 궁궁이오,
유리걸식(流離乞食) 패가자(敗家者)도 일심은 궁궁이라.
풍편(風便)에 뜬인 자도 혹은 궁궁촌(弓弓村) 찾아가고
혹은 만첩산중(萬疊山中) 들어가고 혹은 서학에 입도해서
각자위심(各自爲心) 하는 말이 내 옳고 네 그르지.
시비분분(是非紛紛) 하는 말이 일일시시(日日時時) 그 말일세.

아서라, 아서라. 팔도 구경 다 던지고
고향으로 돌아가서 백가시서(百家詩書) 외워 보세.
내 나이 사십이라, 앞길이 만리(萬里)로다.
아서라, 이 세상은,
요순지치라도 부족시(不足施)오,
공맹지덕이라도 부족언(不足言)이라.

| 뜻풀이 | ・불고천명(不顧天命): 천명을 돌아보지 않다. 천명에 순응하지 않다.
・동국 참서(東國讖書): 《정감록(鄭鑑錄)》 같은 우리나라의 도참 서적. ・가산(嘉
山) 정주(定州) 서적(西賊): 홍경래(洪景來)를 가리킨다. ・이재송송(利在松松): 이로움
이 소나무 숲에 있다. 소나무 숲으로 피신해야 화를 면할 수 있다. ・이재가가
(利在家家): 이로움이 집 안에 있다. 집 안에 숨어 있어야 화를 면할 수 있다. ・
생활지계(生活之計): 여기에서는 '난리를 피하는 방책'을 의미한다. ・매관매직(賣
官賣職) 세도자(勢道者): 돈을 주고 관직을 산 세력가. ・전곡(錢穀) 쌓인 부첨지(富
僉知): 돈과 곡식을 쌓아 두고 사는 부유한 첨지(僉知). 첨지는 '나이 많은 사람을
낮추어 일컫는 말'이다. ・유리걸식(流離乞食) 패가자(敗家者): 패가망신해서 정처
없이 떠돌며 빌어먹는 사람. ・풍편(風便)에 뜨인 자: 소문에 미혹된 사람. ・일
심(一心)은 궁궁(弓弓)이오: 오로지 궁궁(난리를 피할 수 있는 안전한 장소)만 찾
는다. ・만첩산중(萬疊山中): 첩첩산중. ・각자위심(各自爲心): 각자 자기의 이익
을 추구하다. ・시비분분(是非紛紛): (쓸데없이) 옳고 그름을 다투다. ・백가시서(百
家詩書): 경전과 여러 사상가들의 책. ・요순지치라도 부족시(不足施)오: 요・순의
다스림으로도 이 세상을 다스릴 수 없다. ・공맹지덕이라도 부족언(不足言)이라:
공자・맹자의 가르침으로도 이 세상을 가르칠 수 없다.

위 발췌문은 주로 서학과 도참 신앙이 판치는 세태를 개탄하는 내용이다. 위 내용을 보면 그 당시 세상에 떠돌던 도참 신앙은 다음과 같다. "임진왜란 때는 이로움이 소나무 숲에 있어서 소나무 숲으로 피난 간 사람들이 살 수 있었고, 홍경래의 난 때는 이로움이 집 안에 있어서 집안에 박혀 있던 사람들이 살 수 있었다. 지금은 이로움이 궁궁에 있으니 계룡산 같은 궁궁촌을 찾아가야 살 수 있다. 우리도 궁궁촌을 찾아 떠나 보자." 서양의 중국 침략 등으로 인해 안절부절못하며 우왕좌왕하는 그 당시 상황을 엿볼 수 있다. 그 아래는 최제우가 이러한 세태를 비꼬는 내용이다. "이런 황당한 말을 믿고 권세와 부를 지닌 사람들도 궁궁촌을 찾아 헤매고, 정처 없이 떠돌며 빌어먹던 사람들도 궁궁촌을 찾아 헤매며, 그렇지 않으면 또 서학에 빠져들었다."고 말하고 있다. 발췌문 아랫부분에서는 "요임금이나 순임금 같은 성군(聖君)이 와도 다스릴 수 없는 세상이 되어 버렸고 공자나 맹자 같은 성인(聖人)이 와도 가르칠 수 없는 세상이 되어 버렸다."고 하며 이런 세태를 개탄하고 있다.

앞에서도 이야기했지만 동학에도 부적으로 병을 고친다는 등의 미신이 섞여 있다. 그러나 이것은 도참 신앙이 워낙 팽배해 있던 시절이었기 때문에 이러한 도참 신앙을 타파하기 위한 방책이었다. 위 발췌문에 나타나 있듯이 최제우는 계룡산 같은 궁궁촌을 찾아 헤매는 세태를 한심하게 생각하면서도, 다른 한편으로는 궁궁(弓弓)이라는 글자를 붓으로 써서 물에 타 마시는 일을 사람들에게 가르쳤다. 궁궁은 계룡산에 있는 것이 아니라 자기 마음에 있으니 쓸데없이 산수(山水) 찾아 돌아다니지 말고 마음가짐을 바로 하라는 의미였다. 동학은 처음부터 끝까지 '도덕'에 관한 담론이다. 발췌문의 '요·순(堯·舜)'과 '공·맹(孔·孟)'은 유학에서 성인(聖人)으로 받드는 도덕성의 상징이고, '불고천명(不顧天命)'과 '각자위심(各自爲心)'은 양심에 따라 살지 않고 이기심에 따라 사는 것을 뜻하며, 도참 신앙과 기독교에 대한 비판도 도덕성을 상실한 것에 대한 비판이다. 동학의 첫째 요건은 유학과 마찬가지로 도덕성의 확립에 있다.

이러한 도덕 절대주의는 동학의 커다란 장점이자 동학의 커다란 단점이기도 하다. 최제우는 사람의 질병조차 도덕으로 설명한다. 질병은 마음가짐이 바르지 못해서 발생하는 것이니 마음가짐을 바르게 하면 약을 쓰지 않아도 병이 저절로 낫는다고 말한다. 병과 마음가짐이 전혀 무관한 것은 아니겠지만 그 당시 유행했던 장티푸스를 어떻게 마음가짐으로 치료할 수 있겠는가? 심지어 서양의 침략도 민중의 도덕성으로 방비할 수 있다고 생각한다. 최제우가 대안을 제시할 만한 지위에 있었던 것은 아니지만, 서양의 침략을 그토록 우려하면서도 아무런 대안을 내놓지 못하고 단지 '이런 때일수록 마음가짐을 바르게 하자.'고만 말한다. 최제우의 한계라기보다는 시대의 한계겠지만 이 또한 우리가 주목해야 할 점이다.

시호시호(時乎時乎) 이내시호 부재래지(不再來之) 시호로다.

만세일지장부(萬世一之丈夫)로서 오만년지시호(五萬年之時乎)로다.

용천검(龍泉劍) 드는 칼을 아니 쓰고 무엇 하리.

무수장삼 떨쳐입고, 이 칼 저 칼 넌짓 들어

호호망망 넓은 천지, 일신(一身)으로 비켜 서서

칼 노래 한 곡조를, 시호시호 불러내니

용천검 드는 칼은 일월(日月)을 희롱하고

게으른 무수장삼 우주에 덮여 있네.

만고 명장(萬古名將) 어디 있나, 장부당전(丈夫當前) 무장사(無壯士)라.

좋을시고, 좋을시고, 이내 신명(身命) 좋을시고.

| 뜻풀이 | ・**시호시호(時乎時乎)**: 때가 왔네, 때가 왔어. ・**이내시호**: 눈앞에 때가 왔네. ・**부재래지(不再來之) 시호로다**: 다시 못 올 때로구나. ・**만세일지장부(萬世一之丈夫)로서**: 이 세상의 한낱 장부로서. ・**오만년지시호(五萬年之時乎)로다**: 오만 년 만에 찾아오는 때로구나. ・**용천검(龍泉劍)**: 보검(寶劍). ・**용천검 드는 칼**: 칼날이 날카로워 물건을 잘 벨 수 있는 보검. ・**무수장삼**: 춤출 때 입는, 소매가 넓은 옷. ・**비켜 서다**: 이 세상 한편에 서서. ・**만고 명장(萬古名將)**: 지금까지의 이름난 장수들. ・**장부당전(丈夫當前)**: 평범한 사내 앞에. ・**장사(壯士)**: 힘이 센 사람.

위 가사는 〈검가(劍歌)〉 전문(全文)이다. 최제우의 죄명은 주문, 부적, 검가로 압축된다. 주문으로 인해서 기독교의 아류로 낙인찍혔고 부적으로 인해서 사람을 속였다는 죄명을 입었다. 그리고 이 〈검가〉

로 인해서 국정 모반죄(國政謀叛罪)에 걸렸다. 형식상 최제우는 이 〈검가〉로 인해서 참수된 것이다. 1894년 동학 농민 혁명 시기에도 이 노래를 많이 불렀다고 한다. 요즈음의 '임을 위한 행진곡'과 성격이 비슷하다고 보면 되겠다.

앞 두 구절을 풀어 보면 다음과 같다. "때가 왔네, 때가 왔어. 눈앞에 때가 왔네, 다시 못 올 때가 왔어. 이 세상의 한낱 장부에게 오만 년 만에 오는 때로구나." 여기에서 '때가 왔다'는 것은 민중의 시대가 열렸다는 의미고 '만세(萬世)의 한낱 장부'는 특출한 사람을 뜻하는 것이 아니라 '양심이 하늘임을 자각한 보통의 남자'를 뜻하며 '오만 년'은 세상이 한 번 크게 바뀌는 기간을 뜻한다. 백성의 지위가 도약하는 개벽 세상이 되었다고 보기 때문에 이 글 끝부분에서는 "옛날부터 전해 오는 이름난 장수인들 이 한낱 장부를 당할 것이냐?"고 호탕하게 말하고 있다.

주의할 것은, 동학의 개벽 사상은 계급 투쟁과는 성격이 다르다는 점이다. 계급 투쟁은 그 사회의 권력을 누가 차지할 것이냐 하는 데 초점이 놓여 있다. 이에 비해 동학의 개벽 사상은 신분제 폐지를 주장하기에 앞서 백성들 스스로 도덕을 실천해야 한다는 당위를 앞세우고 있다. 고려 말 정도전 등 성리학으로 무장한 신진 사대부들은 도덕 정치라는 목표를 이루기 위해 권문세족 타파를 우선 과제로 삼았고 그 결과 정치권력이 소수의 권문세족에서 다수의 사대부 집단으로 이동했다. 이런 점에서 성리학에 기반을 둔 조선의 건국은 동학 보다는 계급 투쟁의 성격이 더 짙었다고 볼 수 있다. 물론 백성들도 양반과 똑같은 사람임을 인정하라고 요구했다는 점에서 동학 역시 계급 투쟁의 성격을 띠고 있지만, 정치권력을 민중이 차지하자는 의도는 아니었다. 정도전은 불교를 유학의 적으로, 권문세족을 사대부의 적으로 간주했지만 최제우는 성리학을 동학의 적으로 간주하거나 양반을 상민의 적으로 간주하지 않는다. 도리어 동학은 성리학의 도덕 정신을 계승하고 있다는 것이 최제우의 주장이다. 동학에서는 민중의 도덕성을 신분제 폐지에 앞서는 전제 요건으로 삼았다.

5

통문(通文)
질병 치유를 내세우지 마시오

제5편 _ 통문(通文)
질병 치유를 내세우지 마시오

최제우는 1862년 7월경 남원에서 경주로 돌아와 동학을 조직적으로 전파한다. 이 이전에는 최제우 한 사람이 동학을 전파했지만 이 이후로는 최제우의 제자들이 각지에서 조직적으로 전파했다. 이때부터 동학은 더욱 급속도로 전파되었고 더 많은 사람들이 모여들었지만 여러 가지 부작용도 발생했다.

이때는 정치 질서가 무너지면서 탐관오리들이 농민을 갖가지 방법으로 수탈하던 시기였다. 농민 경제가 극도로 피폐해졌고 전국 70여 곳에서 농민 봉기가 일어났다. 농민 봉기가 일어나는 시기에 농민들이 동학으로 몰려들었기 때문에 최제우는 관아의 감시 대상이 될 수밖에 없었다. 최제우는 경주 관아로부터 출두 요청을 받고 9월 29일 경주 관아에 가서 조사를 받게 되자, 최시형의 주도로 수백 명의 사람들이 몰려가 최제우의 석방을 요구했고 최제우는 10월 5일경 무죄로 석방되었다.

이 글은 관아에서 풀려난 뒤 동학하는 사람들에게 띄운 통문(通文)이다. 통문은 '어떤 사실을 사람들에게 전하며 그 사실을 다른 사람들에게도 널리 알려 달라고 부탁하는 형식의 글'이다. 최제우의 제자들이 동학을 전파하면서 질병 치유를 내세워 사람들을 동학으로 끌어들이는 일이 일어났고 이것이 동학이 탄압받는 또 하나의 구실이 되었다. 이 글에서 최제우는 동학 하는 사람들에게 '질병 치유를 내세워 동학을 전파하지 말라.'고 당부하고 있다.

탐관오리들의 수탈과 함께 이 당시 사람들을 크게 괴롭힌 것이 전염병이었다. 장티푸스가 크게 유행했고 천연두가 한번 돌면 어린아이들이 떼죽음을 당하던 때였다. 과학이 발달한 지금도 신종 인플루엔자로 온 세계가 시끄러운데 백신이라는 것이 아예 개발되지도 않았던 그 시대에 전염병이 창궐하면 어떠했겠는가?《동경대전》과《용담유사》에 질병 이야기가 자주 등장하는 것은 이 때문이다.

통문

아래의 내용을 사람들에게 널리 알려 주시기 바랍니다.

애초 사람들에게 가르침을 베푼 것은 아픈 사람이 약을 쓰지 않아도 저절로 낫고 어린 아이가 글씨를 배워 더 총명해지고, 그러는 사이 점차 선한 사람이 되기를 바란 것이었습니다. 어찌 세상에서 칭송할 일이 아니겠습니까? 제가 이렇게 지낸 지 벌써 몇 년이 지났지만 아직 화(禍)를 일으킨다는 의심을 받은 적이 없습니다. 그런데 지금 예상 밖에 관에 끌려가서 치죄 당하는 치욕을 겪었습니다. 이게 무슨 일입니까? 이런 걸 두고 "막기 어려운 것이 모함이요, 베풀기 어려운 것이 선행이다."라고 한 것입니다. 만약 자기 마음대로 치료하는 일을 중지하지 않으면 근거 없는 말로 모함하는 일이 점점 더 심해질 것이니 나중에는 그 화(禍)가 어느 지경에 이를지 알 수가 없습니다. 게다가 이처럼 좋은 일이 서양 오랑캐의 학문으로 의심 받고 있으니 얼마나 치욕스러운 일입니까? 이런 식으로 흘러가면 제가 어떻게 예의(禮義)의 고장인 경주에서 도(道)를 펼치고, 제가 어떻게 집안에 내려오는 유학의 전통을 계승할 수 있겠습니까?

지금부터는 병든 사람이 친척이라도 치료법을 전하는 일이 없기 바랍니다. 이 이전에 치료법을 전수한 사람들이 있는지 자세히 알아보고 이 사람들에게도 이 말을 두루 알려 주시기 바랍니다. 이런 방식의 치료 행위는 완전히 버려서 다시는 이런 치욕을 당하는 일이 없도록 해 주시기 바랍니다.

　이 말을 전하고자 몇 줄의 편지를 써서 통문으로 띄웁니다. 널리 사람들에게 알려 주시기 바랍니다.

＊　　　＊　　　＊

◉ 유학자들이 본 동학

　여기에서는 《동경대전》에서 잠시 눈을 돌려 〈우산 서원 통문〉과 〈도남 서원 통문〉을 통해 유학자들의 동학에 대한 견해와 반응을 살펴보자. 당시 유학자들이 동학을 어떻게 생각했고 동학이 그 당시에 어떤 파장을 일으켰으며 어떤 영향을 미쳤는지, 동학 밖에서 동학을 들여다보자.

　서원은 조선 시대에 사설 교육 기관이기도 했고 선현(先賢)에게 제사를 올리는 곳이기도 했으며 유학자들의 여론이 형성되는 곳이기도 했다. 조선은 임금이 통치하는 나라가 아니라 사대부가 통치하는 나라였다. 유학자들의 공론(公論)에 따르지 않는 임금은 곧바로 하나라 걸(桀)이나 은나라 주(紂) 같은 포악한 임금으로 간주되었다. 걸(桀)·주(紂)가 폭군의 대명사가 된 것은 다른 무엇보다도 신하들의 말을 무시하고 자신의 생각만 고집했기 때문이다. 조선 시대의 상소(上疏, 임금에게 올리는 글)에는 간혹 "자신의 지혜를 믿고 언로(言路)를 차단해서는 안 됩니다."는 말이 나오는데, 이 말은 "지금 임금께서는 걸(桀)·

주(紂) 같은 짓을 하는 것입니다."라고 말하는 것과 똑같은 의미로 임금에 대한 심한 욕이었다. 유학자들의 의견은 그만큼 중시되었고 유학자들의 의견을 무시하는 임금은 이처럼 가차 없는 비판을 받아야했다. 유학자들의 공론이란 곧 서원의 공론이었다. 조선 시대 여론 형성의 중심 역할을 했던 서원에서 동학을 본격적으로 배척하기 시작했다는 것은 동학이 풍전등화의 처지에 놓이게 되었다는 것을 의미한다. 최제우가 체포된 것은 서원의 동학 배척 운동이 일어난 지 얼마 지나지 않아서 일어난 일이다.

여기에서 살펴볼 글은 〈우산 서원 통문〉과 〈도남 서원 통문〉인데, 우산 서원은 경북 상주시 외서면에 있었다. 우산 서원에서 먼저 1863년 9월 13일 경북 상주시 도남동의 도남 서원으로 동학을 배척해야 한다는 내용의 통문을 띄웠고, 우산 서원의 통문을 받은 도남 서원은 1863년 12월 1일 경북 상주시 외남면의 옥성 서원에 같은 내용의 통문을 띄웠다. 동학이 점차 세를 얻게 되자 동학을 배척하는 움직임도 이렇게 서원에서 서원으로 확산되어 갔다.

우산 서원 통문

다음 사항을 널리 알려 주시기 바랍니다.
삼가 말씀드립니다. 맹자는, "양주(楊朱. 전국 시대 도가 사상가)·묵적(墨翟.

묵자의 이름)의 설(說)을 불식시키지 못하면 공자의 가르침이 드러나지 않는다. 양주·묵적의 설을 논박할 줄 아는 사람이라면 그는 공자의 가르침을 받드는 사람이다.”라고 했습니다. 정자(程子, 송나라 때의 정호와 정이 형제를 가리킨다)는, “불교에서 하는 말은 양주·묵적이 하는 말보다 훨씬 더 해롭다. 유학을 공부하는 사람들은 음담(淫談)·미색(美色)을 멀리하듯이 불교를 멀리해야 한다. 그렇지 않으면 어느새 불교에 물들어 간다.”라고 했습니다.

아! 지금 동학을 운운하는 자들이 마음속에 어떤 사악한 생각을 품고 있는지는 알 수가 없습니다만 그 대강을 살펴보면, ‘동학’이라는 이름을 사용하는 것만으로도 서학을 추종하는 무리들보다 그 죄가 만 배는 더 큽니다. 동학하는 무리들이 서양 기독교를 일컬어 ‘그네들은 서학이요, 양학이요, 천주학이다.’라고 하며 물리치기 때문에 우리나라의 불평분자들이 서로가 서로를 부추겨 동학에 빠져들 우려가 많습니다. 동학에서 사용하는 말들을 보면 서학을 본뜬 것임을 알 수 있습니다. 본래 서양에서 온 것을 동학이라고 부른다는 점에서, 남만(南蠻, 남쪽의 이민족)·북적(北狄, 북쪽의 이민족)·황건적(후한 말기에 태평도라는 종교를 믿으며 반란을 일으킨 무리) 등과는 차이가 있습니다. ‘동학’이라는 이름을 내세운다는 것, 바로 이것이 동학하는 무리들의 음흉한 계략입니다. 동(東)이라는 글자를 사용하고 있기 때문에, 대대손손 세상 사람들의 눈과 귀를 가리는 폐해를 동방예의지국인 이 나라에 입히게 될 것입니다.

눈을 부릅뜨고 어찌하면 동학하는 무리들을 완전히 몰아낼 수 있을지 생각해야 할 버슬아치들은 도대체 왜 구경만 하고 있는 것입니까? 예전에 서학이 한창 번성해 온 나라에 퍼질 때에도 이곳 영남 땅에는 한 발짝도 들여놓지 못했었습니다. 당시 여러 선배 학자들이 유학을 밝히고 이단을 물리치는 데 온 힘을 쏟았기 때문입니다. 지난 날 선배 유학자들이 한 일과 그 결과가 이처럼 명백합니다. 지금 동학하는 무리들의 사특(邪慝)한 행동을 보면 이름만 동학이지 실내용은 서학임이 분명합니다. 예전에 멈 첫멈칫 어정거리며 감히 이 영남에 발을 붙이지 못하던 자들이 얼굴을 바 꾸어 다시 등장한 것입니다. 그러니 어찌 이러한 무리들이 이곳에서 설치 는 상황이 더욱 한심하지 않겠습니까? 두문불출하며 독서와 수양에 열중 하는 선비들에 대해서는 걱정할 것이 없습니다. 그러나 지식이 얕고 자질 이 부족해 유행을 좋아하고 괴이한 것을 추구하는 부류들은 동학에 쉽게 빠져들지 않으리라고 장담할 수가 없습니다. 무지한 백성들일수록 더 쉽 게 빠져들지 않겠습니까?

지금은 하루빨리 그들을 분별해 엄하게 다스려야 할 때입니다. 어찌하 면 그들을 가려낼 수 있겠습니까? 유학의 이치를 밝혀 그 근원을 깊고 맑 게 해야 합니다. 그리고 법 조항을 엄하게 해 그 무리들을 빨리 구별해야 합니다. 그러면 공부하는 선비들이 동학하는 무리들의 사악함을 파헤쳐 그들의 일거수일투족을 감시할 수 있을 것입니다. 어찌하면 그들을 엄하 게 다스릴 수 있겠습니까? 그 죄악을 드러내어 온 세상에 알려야 합니다. 그리고 둑을 높이 쌓아 세찬 물결이 밖으로 튀지 않게 하듯 방비를 철저 히 해야 합니다. 그러면 동학하는 무리들도 자신들의 잘못을 명확히 알아 서 자신들의 마음을 바로잡을 수 있을 것입니다. 이와 같이 하면 우리 유 학의 이치가 한낮의 태양처럼 밝게 드러날 것이고 백성들의 인심이 칭찬 해도 좋을 만큼 나아질 것입니다.

동학을 들먹이는 저 무리들은 악취를 풍기고 벼 이삭을 헤치는 풀입 니다. 햇빛을 보지 못하게 해 말라 죽게 만들고, 덩굴을 뽑아 시들어 죽 게 만들어야 합니다. 이것이 우리 영남 유생들이 제일 먼저 해야 할 일이 아니겠습니까? 나라를 걱정하는 마음에 외람되이 의견을 진술해 아래에서 받드는 역할을 다하고자 합니다. 이 지역의 중심 서원인 도남 서원에 계신 여러분께서는 동학이 이 지역에서 번성하는 것에 대해 오랫동안 분개하고 계셨을 것입니다. 저희들이 올린 내용을 받아들여 도내 각 서원에 빨리 통문을 띄워 널리 유생들에게 알려 이단이 거리낌 없이 날뛰는 것을 막아 주시기 바랍니다.

이 글을 도남 서원에 전합니다.

1863년 9월 13일

도남 서원 통문

다음 사항을 널리 알려 주시기 바랍니다.

지금 우산 서원에서 이곳 도남 서원에 보낸 통문을 받았습니다. 우산 서원의 통문은, 동학하는 무리들이 요즈음 이곳에서 번성하는 것에 대해 깊이 우려하며 그들의 잘못을 밝히고 물리치는 내용입니다. 도남 서원은 이 지역의 중심 서원이면서도 이단을 물리치는 일에 앞장서지 못한 것을 부끄럽게 생각합니다. 그러나 우산 서원은 우리 고을의 서원이며 도남 서원과 같은 선현을 받들고 있으니 우산 서원 사람의 말이 곧 도남 서원 유생의 말입니다. 이에 동학의 행태를 다시 망라해 도내 여러 군자들께 알리니 살펴보시기 바랍니다.

우리나라는 한쪽 끝에 치우쳐 있으며 그 넓이도 수천 리밖에 되지 않습니다만 동방예의지국이라 불립니다. 특히 이곳 영남 땅은 추로지향(鄒魯之

鄕, 공자와 맹자의 학풍이 왕성한 고장)이라 불리는 곳입니다. 온 나라가 서학 바람에 휩쓸릴 때에도 유학의 정신을 잃지 않았던 곳이 바로 이곳입니다. 우리나라가 동방예의지국으로 불리고 이곳 영남 땅이 추로지향으로 불리는 연유가 무엇입니까? 우리 조선은 인자함과 후덕함을 바탕으로 나라를 세웠고 예의와 겸손을 풍속으로 삼았습니다. 훌륭한 임금이 계속 이어져 경계를 게을리하지 않았고 어진 선비들이 계속 이어져 유학의 이치를 밝혀 왔습니다. 그리하여 유학의 이치가 한낮의 태양처럼 밝게 빛나고 있습니다.

선비들은 시·서·예·악을 짓고 평민들은 사농공상을 업으로 삼습니다. 군신유의·부자유친·부부유별·장유유서·붕우유신을 닦고 밝혀 왔으며 요·순·우·탕·문왕·무왕·공자·맹자·정자·주자의 가르침을 공부하고 본받아 왔습니다. 관혼상제는 반드시 의례에 따라 행하고 학교 공부는 인격 함양에 목표를 두고 있습니다. 남자는 충효를 덕행으로 삼고 여자는 정절을 덕행으로 삼습니다. 이런 것들이 오늘날까지 그대로 이어져서 서로가 서로를 바로잡아 주며 살아갑니다. 이러한 가르침은 세상이 존재하는 한 영원히 전해질 것입니다. 그런데 도대체 무엇 때문에 요망한 서양 풍속으로 동양의 문명을 모독한단 말입니까?

요즘 근 10년 동안 서학을 법으로 금하고 관리들이 신도를 옥에 가두고 여러 차례 처형하기도 하고 섬멸하는 데까지 이르렀지만 논박하는 것으로는 그들을 뿌리째 뽑아 버릴 수가 없습니다. 씨앗이 퍼지고 무리가 번성해 심지어 지식이 있고 도리를 아는 벼슬아치나 유학자들 중에도 죽음을 대수롭지 않게 여기며 서학을 추종하는 자들이 많습니다. 그러니 그 밖의 어리석은 자들이야 말해 무엇 하겠습니까? 법으로는 그들을 다 막을 수 없고 그들은 법을 두려워하지 않으니 제멋대로 하도록 방치해 결국 그들을 통제할 수 없는 지경에 이르렀습니다. 사람들이 진실한 본성을 잃고 이 지경에 이른 것은 새것, 빠른 것을 좋아하는 풍속 탓이 아니겠습니까? 서학을 따르는 무리들이 온 세상 사람들을 함정에 빠뜨리고 있는 데도 어쩌지 못하고 있는 것이 지금의 세상 돌아가는 형편입니다. 이런 식이면 서양 풍속에 물드는 것도 먼 일이 아닙니다.

지금 조정과 재야는 동학에 대한 근심과 탄식으로 다른 일은 생각할 여유조차 없습니다. 단지 동학이란 말이 서학의 반대말이라고 해서 동학을 우리의 전통 사상이라고 할 수는 없습니다. 그들이 마음속에 무엇을 품고 있는지 그들의 말이나 행동으로는 전혀 알 수가 없습니다. 서학은 부모와 임금도 섬길 줄 모르는, 금수나 오랑캐의 방식인데 동학도 서학과 다를 것이 없습니다. 그 흉악한 의도를 다 알 수는 없지만 들은 이야기를 종합해 보면 다음과 같습니다.

하늘님 운운하며 주문을 외는 것은 서학의 기도를 본뜬 것입니다. 부적을 태워 물에 타 마시면 병이 낫는다고 하는 것은 황건적을 본뜬 것입니다. 신분을 따지지 않고 평등하게 대하니 동학의 모임에는 백정이나 술장수까지 참여합니다. 얇은 휘장 하나를 사이에 둘 뿐 남녀를 따로 떼어 놓지 않아서 과부와 홀아비가 함께 참여합니다. 부유한 사람이 재산을 내어 가난한 사람을 도우니 가난한 사람들도 기뻐하며 참여합니다. 널리 사람을 끌어들이는 것을 첫째 과제로 삼으니 온 동네 사람을 다 끌어들이려 하고 온 고을 사람을 다 끌어들이려 합니다. 그렇게 점차 전파해 그 세력이 하늘에 닿을 듯 떠들썩하니 장각이 황건적의 난을 일으키고 신도를 36방으로 조직했던 것과 흡사합니다. 교주가 그 무리들을 거느리는 것은 지방관의 다스림을 물리치고 제 방식대로 하려는 것입니다.

세상의 풍속이 저속해져서 경문의 가르침이 손상되고 괴상한 말이 떠도는 것은 어느 시대에나 있었습니다. 그들이 잘 구별되지 않는 것은 참된 이치와 이리저리 뒤섞여 있기 때문입니다. 그런 식으로 세상 사람들을 현혹하기 때문에 자손대대로 이 세상에 화가 되는 것이며 그 때문에 옛 선현과 선비들이 배척한 것입니다. 지난 일들을 생각해 보면 누구나 다 알 수 있는 일입니다. 아! 저 서학에서 하는 말은 혹세무민(惑世誣民)하는 것들 중에서도 비웃음을 살 만큼 비루하고 저속한 것입니다. 이것을 구분하지 못하고 여기에 빠지는 사람들은 도대체 무엇 때문에 그러는지 모르겠습니다.

새것을 좋아하는 사람은 새로운 말이면 늘 귀가 솔깃하고, 빨리 이루기를 좋아하는 사람은 지름길이 나타나면 서슴없이 달려갑니다. 노자나 부처가 허무적멸을 숭상한 것, 육구연과 왕수인이 인욕(人慾)을 이치로 삼은 것은 지금에 와서는 오히려 옛것이 되었습니다. 이 틈을 타서 서학을 하는 무리들이 서양에서 말하는 천주는 동양에서 말하는 상제와 똑같다는 설을 내세워 새것과 빠른 것을 좋아하는 사람들의 마음을 사로잡고 있습니다. 이런 말에 현혹되는 사람이 많은 것은 서양의 천주와 동양의 상제가 하늘과 땅 만큼이나 차이가 난다는 것을 모르기 때문입니다. 동학에서 주문을 외우는 것도 이런 것일 뿐인데 무지한 천민들이 많이 빠져들어 나무하는 총각들조차 다투어 주문을 외우니 동학에서 하는 말이 진실을 어지럽히고 있다는 것은 의심의 여지가 없습니다. 다만 양반의 자제나 기질이 뛰어난 사람들이 그런 데 물들 걱정이 없으니 도(道)를 어지럽히는 무리로 간주해서 붓을 더럽혀 가며 옳고 그름을 가려 배척할 가치조차 없습니다. 옛 사람들은 이단이 사람을 오랑캐나 금수의 세계로 이끈다고 했습니다만 지금의 동학하는 무리들은 도

깨비에 홀린 것에 지나지 않습니다. 오랑캐나 금수는 형체라도 있지만 도깨비는 형체도 없습니다. 그러나 용납할 수 없는 것은 동학이라는 말을 사용한다는 점이요, 두려워할 만한 것은 무리들이 엄청 많다는 것입니다.

아! 통탄스럽습니다. 동학을 이름으로 내세운 죄는 우산 서원에서 자세히 논했기에 더 언급하지 않겠습니다. 저 무리들이 한 무리가 되어 은밀히 전파하고 깊은 산속 으슥한 곳에 근거지를 만들어 세상 사람들을 물들이고 있습니다. 고을과 마을의 중심에 한번 들어가면 장인과 장사치는 일을 전폐하고 밭 가는 자도 일을 하지 않습니다. 도대체 무엇을 꾀하고 무엇을 목표로 하는 것입니까? 어찌 유식한 사람들이 걱정하고 탄식할 일이 아니겠습니까?

우리는 유학의 나라에서 태어나 유학을 배우며 성장했습니다. 오랜 세월 동안 이 땅 어느 곳에서나 유학만을 가르쳤고 유학 외에 다른 것을 배우는 사람이 없었습니다. 그래서 태평한 세상을 이어 올 수 있었습니다. 학문에만 전념하다가 동학이라고 하는 괴상망측한 것이 갑자기 나타나 삽시간에 유행하는 꼴을 보게 되었습니다. 저들이 들끓으면 이 나라 문화가 오랑캐 풍속으로 바뀌고 말 것이니 지금은 한탄만 하고 있을 때가 아닙니다. 그래서 한탄하며 상세히 말씀드리니 여러 군자께서는 이러한 충정에 동참해 이단을 물리치는 데 함께 해 주시기 바랍니다. 여러 군자께서는 유학의 이치를 밝혀 동학의 싹을 잘라 주시기 바랍니다. 한편 법을 엄격히 해 요망한 것들로 하여금 두려움이 뭔지를 알게 해 주시기 바랍니다. 그리하여 실추된 우리 유학을 계승하고 국가의 원기를 강성하게 하면 천만다행이겠습니다. 이렇게 하면 속아 들어간 무지한 백성들이 혹 갈팡질팡하며 빠져나오지는 못한다 하더라도 형벌을 받고 나서 지난 일을 뉘우치게는 될 것입니다. 여러 군자들께서는 깊이 헤아려 주시기 바랍니다.

이 내용을 옥성 서원에 전합니다.
1863년 12월 1일

6

탄도유심급(歎道儒心急)

새 세상은 하루아침에 오지 않는다

제6편 _ 탄도유심급(歎道儒心急)
새 세상은 하루아침에 오지 않는다

최제우는 1862년 10월 14일 '질병 치유를 내세워 동학을 전파하지 말라.'는 내용의 통문을 띄운 뒤 경주를 떠나, 최시형의 주선으로 홍해군(興海郡) 매산리(梅山里) 손봉조(孫鳳祚)의 집에 거주한다. 그곳에서 조직을 구축하고 접주(接主)를 임명한다. 동학의 조직 단위를 접(接)이라 하고 그 책임자를 접주(接主)라고 한다. 최제우는 전국 각지를 떠돌며 장사한 경험이 있기 때문에 보부상들의 조직 형태를 알고 있었고 그것을 본떠 접주 중심의 조직망을 구축한 것으로 보인다. 접주 중심의 조직망은 동학 운동의 발판이 되었고, 소년 접주로 불렸던 김구(金九, 1876~1949)가 뒷날 독립투사들을 조직할 때에도 이 방법을 사용했다.

최제우는 1863년 3월 9일 다시 경주 용담으로 돌아오고 그해 8월 14일 동학의 조직과 뒷일을 최시형에게 맡긴다. 이것은 서원의 배척과 관아의 탄압에 대해 어떤 식으로 대처하겠다는 결심이 서 있었다는 것을 의미한다. 자신의 신변에 어떤 일이 닥치리라는 것은 충분히 예상할 수 있는 일이었다.

이러한 상황 속에서 1863년 8월 20일경 〈탄도유심급〉을 지었다. 〈탄도유심급(歎道儒心急)〉은 '도유(道儒)들의 마음[心]이 조급[急]한 것을 한탄한다[歎].'는 뜻이다. 앞에서 여러 차례 살펴본 대로 동학의 요지는 '양심이 하늘이니 하늘을 섬기듯 양심을 섬기라.'는 것이고 이때의 양심은 민중의 양심을 말한다. 따라서 '양심'이라는 말에는 '민중 주체의 도덕성'과 '신분제 폐지'라는 두 요소가 담겨 있다. 이 두 요소 가운데 민중의 도덕성만을 강조하면 민중에 대한 또 다른 억압이 되었을 것이고 사람들이 호응하지도 않았을 것이다. 또 신분제 폐지만을 강조하면 그것이 정당한 것이든 부당한 것이든 민중이 이익 집단으로 전락할 것이고 당시에 수십 곳에서 일어났던 농민 봉기와 별반 다르지 않았을 것이다. 도유들의 마음이 조급하다는 지적은, 도덕성을 바로 세우는 데 심혈을 기울이지 않고 신분제 폐지에만 관심을 기울이는 태도를 비판한 것이다.

　민중 주체의 도덕성과 신분제 폐지는 동학을 구성하는 두 축이다. 최제우 이후의 동학 운동에서는 이 두 요소가 여러 형태로 나타난다. 민중의 도덕성만을 강조하면 양반 관료 체제와 타협하기 마련인데 그러한 흐름도 나타나고, 신분제 폐지만을 강조하면 반란을 일으키는 것과 유사한 형태를 띠는데 그러한 흐름도 나타난다. 두 요소가 결합되어 있는 것이 동학인데 이러한 기본 정신에 충실한 분파에서도 신분제 폐지의 결정적 시기가 무르익었다고 보는 쪽과 그렇지 않다고 보는 쪽이 대립한다. 최제우 이후의 동학 운동에서는 이러한 네 가지 흐름이 여러 차례 노선의 차이로 나타난다.

　〈탄도유심급〉은 네 편의 시로 이루어져 있다. 네 편의 시 가운데 〈탄도유심급〉에 직접 해당하는 것은 첫째 편이지만 나머지 세 편도 '새 세상은 하루아침에 이루어지는 것이 아니니 조급해 하지 말라.'는 경계를 담고 있다.

탄도유심급

(1) 이 땅의 대운이

이 땅의 대운(大運)이 동학으로 모여든다.
그 근원이 깊어 그 이치 미치지 않는 곳이 없다.
내 마음 굳건해야 그 맛을 알 수 있고
내 마음 한결같아야 모든 일 뜻대로 이루어진다.

흐린 기운 쓸어 내고 맑은 기운 북돋아라.
바른 마음 자각하고 그 마음 잃지 않으면
은은한 총명 저절로 생겨나고
다가오는 모든 일, 일리(一理)로 귀결된다.

남의 작은 허물 내 마음에 새기지 말고
내 마음의 작은 사랑 남에게 베풀어라.
이 같은 대도(大道), 하찮은 일에 드러내려 마라.
불길 타오르고 우리 할 일 다하면 저절로 이루어지리니.

세상을 움직이는 일, 돌아가는 상황 따라 하는 법.
현묘한 기틀을 드러내려 마라. 마음을 조급히 먹지 마라.

결실은 훗날 이루어지리니, 지금은 좋은 바탕 마련할 때!

✤ 위 시는 '시대의 물결은 거역할 수 없는 것이지만 사회 변혁을 이룰 만한 준비가 아직 이루어지지 않았으니 동학의 조직과 움직임을 드러내지 말라.'고 경계하는 내용이다.

"이 땅의 대운(大運)이 동학으로 모여든다."는 말은 양반 중심 사회가 민중 중심 사회로 흐르는 것은 거역할 수 없는 시대의 물결이라고 선언하는 것이다. "현묘한 기틀(玄機)"의 '현(玄)'은 잘 드러나지 않는 오묘한 이치를 묘사할 때 곧잘 쓰는 표현이다. 깊이를 알 수 없을 만큼 바닥이 깊은 우물을 연상하면 되겠다. 첫 단락에서 "그 근원이 깊어 그 이치 미치지 않는 곳이 없다."고 했는데 이것이 현(玄)이다. 현(玄)은 여기에서 동학을 지칭하는 표현으로 쓰였다. '기(機)'는 '무엇의 바탕', '무엇의 근간', '어떤 것의 짜임새', 또는 '어떤 일이 일어날 조짐'을 뜻하는 말인데 여기에서는 동학의 조직이나 움직임을 뜻하는 말로 쓰인 듯하다.

사회 변혁의 조짐이 드러나는 시기에 해야 할 일은 그런 시기를 억지로 만드는 것이 아니라 그런 시기를 준비하는 것이다. 그런 시기가 와도 준비가 되어 있지 않으면 별 소용이 없다. 봄에 씨 뿌리지 않으면 가을에 수확할 수 없는 것과 같다. 봄에 할 일을 다하고 여름에 할 일을 다하면 가을에 결실을 얻는 것은 필연적인 결과다. 봄에 밭을 갈며 당장 결실을 바라고 여름에 김을 매며 당장 결실을 바라는 것은 마음이 조급한 것이다. 위 시에서 최제우는 개벽 세상을 이루기 위해서 가장 중요한 것은 각자 자신의 마음을 닦는 것이라고 말하고 있다. 민중의 도덕성이 확립되지 않으면 사회 변혁도 한낱 꿈에 불과하다고 보는 것이다.

사회 변혁을 확신하는 사람은 차분히 그 시대를 준비할 수 있고, 또 차분히 준비해야만 그러한 사회 변혁을 이끌어 낼 수 있다. 이러한 세상을 마련하고자 하는 사람들은 그것이 자신의 역할이라고 생각하지, 그것을 통해 자신의 이익을 챙기겠다고 생각지 않는다. 최제우는 체포되어 심문을 받을 때 정강이뼈가 부러지는 혹독한 고문 속에서도 자신의 신념을 버리지 않았다. 지금 당장 성취하는 것을 목적으로 삼았다면 혹독한 고문을 이기지 못하고 신념을 버렸을 것이다.

위 시에서 최제우는 말하고 있다. "결실은 훗날 이루어지리니, 지금은 좋은 바탕 마련할 때!" 이 구절은, '신분 차별이 없는 평등 세상(결실)은 훗날 이루어지는 것이니 지금은 민중이 도덕성의 주체가 되는 사회(좋은 바탕)를 꾸준히 만들어 가자.'고 권유하는 내용이고, 최제우는 이것을 끝까지 실천하며 삶을 마감했다.

(2) 마음은

마음은
본래 보이지 않는 것인지라, 하는 일에 흔적이 없다.
마음을 닦아야 덕(德)을 알고
덕(德)이 밝혀져야 길이 열린다.
덕(德)에 달려 있는 것이지 사람에게 달려 있는 것이 아니요,
믿음에 달려 있는 것이지 기교에 달려 있는 것이 아니다.
가까이에 있는 것이지 멀리 있는 것이 아니요,
성실함에 달려 있는 것이지 구(求)함에 달려 있는 것이 아니다.
보이지는 않지만 보이듯 명확하고
멀리 있는 것 같지만 멀리 있지 않다.

✤ 위 시도 먼저 마음을 차분히 가라앉히고 수양에 힘쓰라고 당부
하는 내용이다. 최제우가 가장 강조하는 것이 양심이다. 그런데 만
약 사회 변혁에 대한 비전 없이 단지 수양에만 힘쓰라고 한다면 그
것은 하나마나한 이야기가 된다. 고통으로 신음하는 사람들에게 그
런 이야기는 독이 되면 독이 되었지 약이 되지 않는다. 최제우는 먼
저 민중들에게 사람답게 살 수 있는 세상이 다가오고 있다는 희망을
주었다. 문제는, 그런 세상이 언제 오느냐는 것이다. 최제우는 위 시
에서 "덕(德)이 밝혀져야 길이 열린다."고 말하고 있지만 듣는 사람들

입장에서는 민중의 도덕성이 언제 어떻게 사회 변혁으로 나타난다는 것인지 이해하기 어려웠을 것이고 그래서 조급할 수밖에 없었을 것이다.

산 속의 나무와 풀은 모두 물을 머금고 있다. 성장이 왕성한 봄·여름에는 수분을 흡수하고 가을에는 동사(凍死)를 방지하기 위해 수분을 내뿜지만 어느 계절이든 물이 없으면 생명을 유지할 수 없다. 돌멩이나 바위조차도 수분을 간직하지 못하면 그 형태를 유지할 수가 없다. 그러나 물이 흡수되는 현상은 눈에 띄지 않는다. 마음도 그러하다. 마음은 눈에 보이지 않지만 마음이 없으면 어떤 사태에도 대응할 수가 없다. 이렇게 생각해 보면 좋은 세상을 만들기 위해 가장 중요한 것은 각자 자신의 마음을 바로 세우는 일일 것이다. 그러한 마음들이 문화를 형성할 때 세상은 조금씩 변해가기 마련이다.

위 시의 마지막 두 행의 원문은 "불연이기연(不然而其然), 사원이비원(似遠而非遠)"이다. 불연(不然)은 '눈으로 확인할 수 없는 것, 그래서 확신할 수 없는 것'을 뜻하는 말이고, 기연(其然)은 '눈으로 확인할 수 있는 것, 그래서 확신할 수 있는 것'을 뜻한다. 최제우는 기연(其然)을 강조하며, 불연(不然)에 집착하는 태도를 비판적으로 바라본다. 성리학이나 기독교를 비판하는 것도 '확신할 수 없는 것'에 기반을 두기 때문이다. 그런데 '마음'은 좀 특별하다. 마음은 눈으로 확인할 수 없다는 점에서는 불연(不然)인 듯하지만, 무엇보다 확실한 것이라는 점에서는 기연(其然)이다. "사원이비원(似遠而非遠)"도 '불연이기연'과 유사한 의미다. 마음은 눈으로 확인할 수 없다는 점에서는 손에 잡히지 않는 먼 것처럼 느껴지지만 무엇보다 확실한 것이라는 점에서는 결코 멀리 있지 않다. 마음이 눈에 보이는 것은 아니지만 이러한 특징을 살려 최제우는 마음을 기연(其然)으로 본다.

　위 시는 '가장 가까이에 있는 자신의 마음이야말로 모든 일의 잣대가 된다.'는 의미를 함축하고 있다. 이러한 의미를 이야기할 때 흔히 인용하는 구절이 "벌가(伐柯), 벌가(伐柯), 기칙불원(其則不遠)"이다. 이 구절은 원래 《시경》에 나오는 시인데 최제우도 〈흥비가(興比歌)〉 첫 부분에서 이 시를 인용하고 있다. 어떤 사람이 도끼를 들고 새로운 도끼 자루[가(柯)]를 베러[벌(伐)] 산에 갔다고 하자. 그 사람은 새로 만들 도끼 자루의 굵기와 길이를 어떻게 알까? 자신이 들고 있는 도끼 자루를 보면 알 수 있다. 그것을 잣대[칙(則)]로 삼아 같은 굵기, 같은 길이의 나무를 베면 되는 것이다. 도끼 자루를 손에 쥐고 있는 것처럼 우리는 늘 마음을 지니고 있다. 마음은 모든 일의 잣대가 되는 것이니 어떤 일을 할 때 먼 곳에서 방법을 찾지 말고 가장 가까이에 있는 자신의 마음에서 방법을 찾으라는 의미다. 〈흥비가〉의 흥비(興比)도 '내 마음을 잣대로 해서 다른 사람의 마음이나 사태를 이해한다.'는 의미다.

　가장 확실하고 가장 가까이에 있어서 모든 일의 잣대가 될 수 있는 것, 그것이 마음이다. 그런데 여기에서 주의할 점이 있다. 최제우가 말하고자 하는 것은 이러한 마음을 깨달으라는 것이지, 이러한 마음을 통해서 도(道)를 깨달으라는 이야기가 아니다. 최제우의 시각에서 바라보면, 마음이 바로 도(道)이기 때문에 마음을 통해서 도(道)를 깨달으려고 해서는 안 된다. 마음과 도(道)가 두 가지로 쪼개져서는 안 된다. 다시 말하지만 최제우가 말하고자 하는 것은, 마음이 바로 도(道)임을 깨달으라는 것이지 마음으로 도(道)를 깨달으라는 이야기가 아니다. 위 시에서 "가까이에 있는 것이지 멀리 있는 것이 아니요 / 성실함에 달려 있는 것이지 구(求)함에 달려 있는 것이 아니다.", "덕(德)에 달려 있는 것이지 사람에게 달려 있는 것이 아니요 / 믿음에 달려 있는 것이지 기교에 달려 있는 것이 아니다."라고 한 것은 모두 이러한 의미다.

(3) 이 한 길 겨우 찾아

이 한 길 겨우 찾아
뚜벅뚜벅 험한 길 걸어간다.
산 넘으니 또 산이요
물 건너니 또 물이네.
물 건너 겨우겨우 물 건너고

산 넘어 겨우겨우 산을 넘네.
넓은 들에 이르러
큰 길 있음을 비로소 깨닫네.

봄소식 애타게 기다려도
봄 햇살 끝내 오지 않네.
따스한 봄 햇살, 없는 것이 아니요
봄이 오지 않은 것은 때가 되지 않았을 뿐.
때 되면
기다리지 않아도 오리니.

지난 밤 봄바람
온 세상에 봄을 알리네.
하루 꽃 한 송이
또 하루 꽃 한 송이.
삼백예순 날
삼백예순 송이.
사람마다 꽃피고
집집마다 봄일세.

✤ 어떤 집에는 봄이 오고 어떤 집에는 봄이 오지 않는, 그런 봄이
있던가? 겨울이면 누구나의 겨울이요 봄이 오면 누구나의 봄이다.
마찬가지로 최제우가 말하는 개벽 세상은 "사람마다 꽃이 피고 집집

마다 봄이 오는" 세상을 말하는 것이지, 어떤 사람에게는 좋고 어떤 사람에게는 나쁜 세상을 말하는 것이 아니다. '새 세상은 하루아침에 이루어지는 것이 아니니 조급해 하지 말라.'고 타이르는 이유도 여기에 있다. 서로가 이익을 다투는 모습으로는 개벽 세상을 이룰 수 없고, 우리는 모두 운명 공동체의 일원임을 깨달아야 개벽 세상을 이룰 수 있다고 본 것이다. 〈수덕문〉에서 살펴본 대로, 동학을 한다고 해서 동학을 하는 사람들에게 직접 이로움이 돌아가는 것이 아니요, 동학을 하지 않는다고 해서 그 사람들에게 해로움이 돌아가는 것도 아니다. 최제우의 가르침이 이러했기 때문에 동학에 입도했던 사람들 중에서도 실망해서 빠져나가는 사람들이 흔치 않았다고 한다. 입도했다가 빠져나가는 사람들이나 조급하게 사회 변혁을 이루고자 하는 사람들은 동학을 함으로써 직접적인 이로움을 얻고자 한 것이다. 동학은 이러한 이해타산을 철저히 거부한다. 이러한 도덕주의, 경건주의가 동학의 종교성이다.

(4) 항아리에 담긴 술은

항아리에 담긴 술은
백만 사람 살릴 술.

천년 전에 담가 놓고
쓸 곳 있어 아껴 온 것.
부질없이 개봉하면
냄새 흩어지고 맛 엷어지나니
동학을 하는 사람은
입조심하기를 담근 술 보관하듯.

✤ 위 시도 조급하게 이루려고 하면 실패하게 된다고 경계하는 내용이다. 위 시의 "부질없이 개봉하면 냄새 흩어지고 맛 엷어진다."는 말은 첫째 시의 "현묘한 기틀을 드러내려 마라. 마음을 조급하게 먹지 마라."는 말과 같은 의미고, 위 시의 "천년 전에 담가 놓고 쓸 곳 있어 아껴 온 것"은 첫째 시의 "결실은 훗날 이루어지리니, 지금은 좋은 바탕 마련할 때!"와 같은 의미다.

                    ✳   ✳   ✳

◉ 《용담유사》로 보는 개벽 세상
〈탄도유심급〉으로 묶여 있는 위 네 편의 시는 조직을 꾸리고 나서 본격적으로 동학을 전파할 때 지었다. 직접 대면할 수 없는 사람들을 상대로, '동학에서 추구하는 개벽 세상은 운명 공동체에 속하는 모든 사람이 행복을 누리는 것이고 이러한 개벽 세상은 민중의 도덕성으로 이루어지는 것이니 마음을 조급히 먹지 말라.'고 당부하며, 커져

가는 조직을 단속하는 내용이다. 〈탄도유심급〉과 같은 시기에 쓰여진 〈도덕가(道德歌)〉와 〈흥비가(興比歌)〉에도 이러한 당부가 곳곳에 배어 있다. 아래에서 좀 더 살펴보자.

> 그러나 하늘님은
> 지공무사(至公無私)하신 마음, 불택선악(不擇善惡) 하시나니
> 효박(淆薄)한 이 세상을 동귀일체 하(였)단 말(인)가.
> 요순지세(堯舜之世)에도 도척(盜跖)이 있었거든
> 하물며 이 세상에 악인음해(惡人陰害) 없단 말(인)가.
> 공자지세(孔子之世)에도 환퇴(桓魋)가 있었으니
> 우리 역시 이 세상에 악인지설(惡人之說) 피할쏘냐.
> 수심정기(修心正氣) 하여 내어 인의예지(仁義禮智) 지켜 두고
> 군자 말씀 본받아서 성·경(誠·敬) 이자(二字) 지켜 내어
> (중략)
> 번복지심(飜覆之心) 두게 되면 이는 역시 역리자(逆理者)요
> 물욕교폐(物慾交蔽) 되게 되면 이는 역시 비루자(鄙陋者)요
> 헛말로 유인(誘引)하면 이는 역시 혹세자(惑世者)요
> 안으로 불량하고 겉으로 꾸며 내면
> 이는 역시 기천자(欺天者)라.

| 뜻풀이 | • **지공무사**(至公無私): 지극히 공평무사할 뿐 사사로운 의도가 없다.
• **도척**(盜跖): 중국 춘추 시대의 큰 도적. 그 형은 현인(賢人)으로 유명한 유하혜(柳下惠)이다. • **환퇴**(桓魋): 공자를 죽이려 했던 송나라 사람. • **악인음해**(惡人陰害): 나쁜 사람들의 은밀한 모함.

     ＊ ＊ (중략) 이하의 구절은 아래에서 풀이한다.

    〈도덕가〉의 일부인 위 가사에서 최제우는 "(하늘님은) 공평무사해서 선악을 가리지 않는다[불택선악(不擇善惡)]."라고 말하고 있다. 기독교나 불교에서는 믿으면 천당이나 극락에 가고 안 믿으면 지옥에 떨어진다 말한다. 유학에서도 선한 사람은 복(福)을 받고 악한 사람은 화(禍)를 입는다고 말한다. 그런데 최제우는 이런 논리를 모두 부정한다. 복을 받으면 다 함께 받는 것이고 화를 입으면 다 함께 입는 것이다. 봄이 오면 집집마다 꽃피는 것이지 어느 집은 꽃이 피고 어느 집은 안 피는 것이 아니다. 그래서 최제우는 동학을 따르는 사람들에게 다음과 같이 묻고 당부한다. '세상인심이 이렇게 각박한데 동귀일체(同歸一體)했다고 말할 수 있는가? 개벽의 때가 되었다고 말할 수 있는가? 아직은 사회 변혁을 운운할 때가 아니라 묵묵히 실천할 때다.'

    그리고 마음이 조급한 사람들에게 다음과 같이 훈계한다. "마음을 바꾸어 먹으면 이는 이치를 거스르는 것이요[번복지심 두게 되면 이는 역시 역리자요], 욕망에 눈이 멀면 이는 비루한 사람인 것이요[물욕교폐 되게 되면 이는 역시 비루자요], 허튼 소리로 사람들을 유혹하면 이는 세상을 어지럽히는 것이요[헛말로 유인하면 이는 역시 혹세자요], 겉으로만 착한 척하면 이는 하늘을 속이는 것이다[안으로 불량하고 겉으로 꾸며 내면 이는 역시 기천자라]."

목전지사(目前之事) 쉽게 알고 심량(深量) 없이 하다 가서
말래지사(未來之事) 같잖으면 그 아니 내 한인가.
이러므로 세상 일이 난지이유이(難知而有易) 하고
이지이유난(易知而有難)인 줄 깨닫고 깨달을까.

(중략)

묻지 않은 그 말이며
청(請)치 않은 그 소리를 툭툭 털어 다하자니
그 모양 오죽할까. 교사(巧詐)한 저 사람은
좋은 듯이 듣고 앉아 중심(中心)에 하는 말이
내 복인가, 내 복인가, 열세 자가 내 복인가.
어찌 이리 좋은 운수 그때부터 없었는고.
영험(靈驗)되고 좋은 말은 귀 밖으로 다 버리고
그중에 불미지사(不美之事) 달게 듣고 모아 내어
흉중(胸中)에 가득하면 마지못해 떠나가니

| 뜻풀이 | ·목전지사(目前之事): 눈앞의 일. ·심량(深量) 없이: 생각을 깊이 하지 않고. ·말래지사(未來之事) 같잖으면: 그 결과가 뜻대로 되지 않으면. ·난지이유이(難知而有易): 어렵게 여기고 조심조심하면 어려운 일도 쉽게 풀린다. ·이지이유난(易知而有難): 별것 아니라고 경솔하게 생각하면 쉬운 일도 안 풀린다. ·교사(巧詐): 교묘하게 남을 속이다. ·불미지사(不美之事): 좋지 않은 일이나 소문.

〈흥비가〉의 일부인 위 가사에도 당시 동학으로 몰려드는 사람들의 세태가 잘 묘사되어 있다. 동학에 들어올 때에는 묻지도 않는데 동학에 대해 온갖 칭찬을 늘어놓고, 동학에 들어와서는 '나에게 어떤 이득이 있을까?' 이것만 계산하다가, 좋은 말은 배우지 않고 옳지 않은 말만 배워서 떠나간다는 것이다. 동학을 통해 자신의 이기심을 채우고자 하는 사람들에 대한 비판이다. 도덕성과 신분제 폐지는 동학을 구성하는 두 요건이지만 이 중에서도 더 근본적인 것이 민중의 도덕성이다. 민중의 도덕성이 확보될 때만이 사회 변혁이 이루어진다고 보기 때문이다.

위 가사 첫 부분에서는 '(양반 중심 사회가 민중 중심 사회로 흐르는 것은 거역할 수 없는 시대의 물결이지만,) 세상 바꾸는 일을 어찌 경솔하게 여길 수 있겠는가? 쉽게 생각해서는 안 된다. 올바른 마음으로 묵묵히 실천하다 보면 겨울이 지나 봄이 오듯 좋은 세상이 오게 된다.'고 하며 매사 신중해야 한다고 말하고 있다.

불연기연(不然其然)
어찌 사람에게 앎이 없다 하는가!

7

제 7편 _ 불연기연(不然其然)
어찌 사람에게 앎이 없다 하는가!

　　조정에서 동학을 이단으로 지목하고 최제우를 체포하려 한다는 소식이 들려오자 제자들은 최제우에게 피신하라고 권유했다. 최제우는 "동학이 나에게서 나왔으니 내가 책임져야 할 일이다. 내가 피신하면 여러분들이 피해를 입게 된다. 동학의 의미가 밝혀지지 않았을 때는 어쩔 수 없이 은적암으로 피신했었지만 제군들이 동학을 이해하고 있는 지금 구차하게 피신할 이유가 없다." 하며 피신하지 않았다. 조정에서는 1863년 11월 20일 선전관 정운구를 파견해 12월 10일 최제우를 체포했다.

　　〈불연기연(不然其然)〉은 이 무렵에 집필한 것으로 최제우의 마지막 가르침이 되었다. 눈으로 확인할 수 있고 그래서 확신할 수 있는 것을 기연(其然)이라 하고, 눈으로 확인할 수 없고 그래서 확신할 수 없는 것을 불연(不然)이라고 한다. 다시 말해서 '믿을 수 있는 것'이 기연(其然)이고 '믿을 수 없는 것'이 불연(不然)이다.

　　성리학에서는 자연 현상을 가능케 하는 형이상(形而上)의 원리를 이(理)라 했고 그에 따라 드러나는 현상을 기(氣)라 했다. 이런 점에서 불연(不然)과 기연(其然)은 성리학의 이(理)와 기(氣)를 대체한 개념이다. 조선 시대 유학자들은 먼저 이치를 깨닫고 그러한 이치를 통해서 현상을 파악해야 한다고 생각했다. 불연(不然)을 중시한 것이다. 성리학뿐만 아니라 기독교, 불교, 도교에서도 불연(不然)을 중시한다. 눈에 보이지 않는 것, 미묘한 것, 신비한 것을 강조하며 진리는 본래 잘 드러나지 않는 것이라고 말한다.

　　사람들은 흔히 눈에 보이는 것, 확실한 것보다는 눈에 보이지 않는 것, 미묘한 것, 신비한 것을 더 심오한 것으로 여기는 경향이 있다. 하지만 뭔가 심오한 이치를 깨닫고자 하는 이러한 태도를 최제우는 경계한다. 지식의 추구는 확신할 수 있는 것으로부터 해야지 확신할 수 없는 것으로부터 해서는 안 된다는, 발상의 전환을 보여 준다. 중요한 것은 불연(不然)이 아니라 기연(其然)이라고 천명한 글이 바로 〈불연기연〉이다. 이러한 논리를 통해서, 유학자들만이 지식이 있는 것이 아니라 사람이라면 누구나 지식이 있는 것이라고 선포한다. 이러한 의미를 담고 있는 〈불연기연〉에서조차 뭔가 심오한 이치를 찾으려는 경향이 있는데 이렇게 생각하면 최제우의 사상을 크게 오해하게 된다.

불연기연

부(賦)로써 말한다.

세상 만물은 제각각 고유한 특징과 고유한 형태를 지니고 있다. 눈에 보이는 것을 근거로 이야기하면 명확하고 분명한데, 발생 원인에서부터 추측해 가면 애매모호해서 어찌 된 영문인지 알기가 어렵다. 예를 들어 보자. 부모님이 나를 낳아 내가 이 세상에 태어났고 내가 자식을 낳아 자식이 이 세상에 나왔다. 세월이 아무리 흘러도 사람의 자식이 사람이 되는 것은 의심의 여지가 없다. 그런데 문명의 기원으로 거슬러 올라가 최초의 문명인이 어떻게 해서 최초의 문명인이 되었는지를 생각해 보면 이해하기가 어렵다. 아, 이런 식의 헤아림이여! '확실히 알고 있는 것'으로부터 세상사를 바라보면 점점 분명하게 알 수 있지만, 불확실한 것을 탐구해서 세상사를 알려고 하면 점점 애매모호해져서 알기가 어렵다.

❧ 부(賦)는 한문 문체(文體) 중 하나로, 산문에 가까운 시(詩)를 말한다. 〈불연기연〉 원문에는 '가(歌)'로 되어 있는데, 〈불연기연〉이 부(賦) 형식의 글이고, 시(詩)와 가(歌)는 서로 통하는 글자여서 이렇게 번역했다. 유명한 부(賦)로는 소식(蘇軾)의 〈적벽부(赤壁賦)〉가 있다. 《시경》의 수사법은 감정 이입을 통해 정서를 일으키는 흥(興), 비유법에

해당하는 비(比), 사실을 서술하는 부(賦)로 나뉘는데, 〈흥비가〉의 '흥비(興比)'와 부(賦) 형식으로 써진 〈불연기연〉을 합하면 흥(興) · 비(比) · 부(賦)가 된다. 〈흥비가〉와 〈불연기연〉은 비슷한 시기에 써졌고 내용도 서로 관련이 깊다.

윗글의 내용은 인류학이나 고고학이 발달하지 않았던 시절에 갖게 되는 의문이다. 찰스 다윈(1809~1882)이 《종의 기원》을 발표한 것이 1859년이다. 최제우가 〈불연기연〉을 쓰기 3년 전의 일이다. 이때만 해도 서양에서는 사람도 고등 동물의 일종이라는 진화설을 조롱하며, 야훼가 아담과 이브를 창조해서 인류가 시작되었다는 기독교 신화를 더 믿었다. 이와는 달리 동북아시아 전통에서는 우주 밖의 어떤 존재가 우주와 사람을 창조했다는 발상이 나타나지 않는다. 사람은 처음부터 사람이었고 동물은 처음부터 동물이었다. 다만 동물과 다를 바 없는 원시적인 사람으로부터 동물과는 확연히 구분되는 문명인으로 발전했다고 생각했다.

문명으로 발전하는 과정을 중국 신화에서는 삼황오제(三皇五帝)로 설명한다. 이들이 사람들에게 사냥하는 법, 가축을 기르는 법, 불을 이용하는 법, 농사짓는 법, 집을 짓고 옷을 입는 법을 가르쳤다고 이야기한다. 삼황오제 중에서도 최초의 인류, 최초의 임금, 최초의 스승으로 등장하는 것이 천황씨(天皇氏)이다. 그렇다면 천황씨는 어떻게 해서 최초의 문명인이 되었을까?

예를 들어 보자. 최초의 문명인이요, 최초의 임금으로 알려진 천황씨는 어떻게 해서 최초의 문명인이 되었으며 어떻게 해서 최초의 임금이 되었을까? 천황씨 이전에는 문명인도 없었고 임금도 없었으니, 천황씨가 최초의 문명인이 되고 최초의 임금이 된 것이 어찌 불확실한 일이 아니겠는가? 세상에 부모 없는 자식이 있을 수 없으니 그를 낳아 준 부모가 있었기에 사람의 자식으로 태어났다는 것은 분명하고 확실한 일이다. 그런데 천황씨는 최초의 임금이고 최초의 스승이다. 임금들은 법으로 세상을 다스렸고 스승들은 사람들에게 예를 가르쳤다. 그러나 최초의 임금인 천황씨는 그에게 자리를 넘겨준 임금이 없었는데 어디에서 법을 전수받았으며 최초의 스승인 천황씨는 그에게 가르침을 전해 준 스승이 없었는데 어디에서 예를 배웠는가? 모를 일이로다. 모를 일이로다. 총명한 기질을 지니고 태어나서 법을 만들고 예를 만든 것이 아니겠는가? 자연의 섭리를 알아서 그에 따라 법을 만들고 예를 만든 것이 아니겠는가?

✤ 문명의 기원에 대해 생각해 보자. 컴퓨터, 전화, 아파트, 도로, 자동차, 선박, 전기, 석유, 옷, 문자 등등을 하나하나 지워 나가 보자. 문명이 없는 세상을 머릿속으로 그려 보면, 사람의 삶은 침팬지나 원숭이의 삶과 그다지 차이가 없었을 것이다. 사람의 지능이 원숭이나 침팬지와 별 차이가 없던 시절에 사람들은 어떻게 해서 수렵과 농사를 알고 불을 사용하고 문자를 만들고 법과 제도를 만들었을까?

최초에 돌도끼와 창을 만들어 짐승을 사냥한 사람, 불을 사용해서 음식을 구워 먹은 사람, 문자를 만들어 기억을 보존했던 사람, 뛰어다니는 소를 잡아다가 길들여 밭을 갈게 한 사람, 밤에 울부짖는 늑대를 잡아다가 길들여 집을 지키게 한 사람, 식물을 재배해서 먹을거리를 만든 사람들은 매우 똑똑한 사람들이었을 것이다. 물론 이러한 사건들은 하루아침에 이루어진 것이 아니라 오랜 세월 지식이 축적되어 이루어진 성과들이지만 신화에서 말하는 대로 어떤 특정한 인물들이 발명한 사건들이라고 가정해 보자. 이러한 문명을 만든 사람들을 성인(聖人)이라고 부른다. 성인은 두 가지 특징을 지니고 있다. 하나는 보통 사람보다 똑똑했다는 것이고 또 하나는 똑똑했기 때문에 자연 현상을 잘 파악하고 잘 활용했다는 점이다.

　이 단락에서 말하고자 하는 것은 두 가지로 요약할 수 있다. 첫째, 문명 시대를 연 성인들은 '인간이 본래부터 지니고 있던 똑똑함'을 발휘한 사람들이라는 것이다. 문명의 기원을 달리 어떻게 설명할 것인가? 천황씨가 하늘에서 뚝 떨어졌을 리도 없고 외계인이 나타나서 천황씨에게 자연의 이치를 가르쳐 주었을 리도 만무하다. 둘째, 확실히 알고 있는 사실로부터 모르는 것을 추측해 가야지 모르는 일을 먼저 탐구하고 나서 그것을 통해서 현상을 설명하려고 해서는 안 된다는 것이다. 성인들은 자연 현상을 이해함으로써 자연의 질서를 이해해 간 것이지 자연의 원리를 먼저 깨닫고 나서 그것을 통해 자연 현상을 이해한 것이 아니다. 최제우의 시각에서 바라보면, 현상보다 이치를 중요시했던 성리학이나 야훼가 인간을 창조했다고 말하는 서학은 확신할 수 없는 것을 먼저 파악한 뒤 그것을 가지고 자연 현상을 설명하려고 하는 잘못을 범한 것이다.

마음의 지적 능력으로 자연의 이치를 파악했다고는 하지만 마음은 몸 안에 있는 것이요 이치는 저 멀리 밖에 있는 것이어서 성인들도 불확실한 일은 알지도 못했다. 불확실한 일에 대해서 말한 것이 아니기 때문에 "불연(不然)"이라 말하지 않은 것이다. 최초의 성인들은 '불확실한 일'을 깨닫고 '불확실한 일'에 의지했던 것이 아니라 드러난 자연 현상을 알고 드러난 자연 현상에 의지했던 것이다.

이렇게 드러난 현상으로부터 자연의 섭리를 추구해서 현상과 이치를 밝히는 대업을 이룬 것이 머나먼 옛날의 일이다. 하물며 그로부터 무수한 세월이 흐른 지금, 이 시대를 살아가는 사람들에게 어찌 앎이 없다는 말인가! 어찌 앎이 없다는 말인가! 성인들이 이치를 밝혀 놓은 것이 언제 적 이야기인가! 세월이 흐른 지금 이제는 제2의 문명을 이야기할 때가 되었다. 천황씨가 살던 때나 지금이나 아무런 변화가 없다면 어찌해서 운(運)이란 말이 있고 어찌해서 복(復)이란 말이 있단 말인가! 인류 역사가 발전하면서 불확실한 일들이 하나하나 밝혀졌고 밝혀진 일들은 글로 기록해 놓았다.

✤ 사람과 동물의 삶이 별 차이가 없던 시절에 문명을 이룩한 성인들은 특출한 사람들이었다. 해·달·별이 질서 정연하게 움직인다는

사실을 알았다는 것, 봄·여름·가을·겨울이 변함없이 되풀이된다는 사실을 알았다는 것은 인류의 역사에서 매우 획기적인 사건이었다. 그러나 무슨 신비한 체험을 통해서 문명을 이룩한 것이 아니라 누구나 볼 수 있는 자연 현상을 파악함으로써 문명을 이룩한 것이다. 그리고 그것도 지금으로부터 머나먼 옛날의 일이다. 당시의 성인을 지금 이 세상에 데려다 놓으면 바보 취급을 받을 것이다. 옛날의 성인이 휴대폰 사용법을 알겠는가, 컴퓨터 사용법을 알겠는가? 과학을 알겠는가, 수학을 알겠는가? 반대로 현대 사람을 머나먼 옛날에 데려다 놓으면 아마 성인으로 존중받을 것이다. 소로 밭 가는 법을 알려줄 수도 있고 배를 타고 바다 건너는 법을 말해 줄 수도 있기 때문이다. 그만큼 인류 역사는 발전했다. 그런데 왜 현대를 살아가는 사람들을 두고 앎이 없다고 말하는 것이냐? 이처럼 옛날의 성인보다는 현대의 백성이 더 똑똑하다고 최제우는 말하고 있다.

아울러 최제우는 이제 제2 문명의 시대, 개벽의 시대가 다가왔고 그것으로 돌아가야 한다면서 운(運)과 복(復)을 이야기하고 있다.

봄이 가면 여름이 오고 가을이 가면 겨울이 오는 사계절의 정연한 질서는 영원토록 변함이 없다. 아직 방향도 잡지 못했던 그 옛날 문명 초기에 이미 이러한 것들을 밝혀 놓았다. 말 못하는 갓난아기도 제 부모를 아는데 이 세상 사람들을 두고 어찌 앎이 없다 하는가! 이 세상 사람들을 두고 어찌 앎이 없다 하는가! 천년에 한 번 황하가 맑아지고 그때 성인이 태어난다고 하는데, 지금 이 시절이 바로 그때가 아닐런가? 흐르는 물도 이때를 알아 저절로 변하는 것이 아닐런가? 밭 가는 소가 사람의 말귀를 알아듣는 것을 보면 마음이 있고 앎이 있는 것이다. 남아도는 힘으로만 하는 것이라면 죽도록 고생해도 밭 가는 일을 하지는 못할 것이다. 까마귀는 자라나서 제 어미를 봉양하니 저들도 효도와 우애를 아는 것이다. 제비는 제 주인을 알아보고 주인이 가난해도 그 집으로 돌아온다. 이런 것을 보면 불확실한 일로는 옳은 판단을 내릴 수 없고 확실한 일로는 판단하기가 쉽다. 따라서 심원한 것을 탐구하면 끝끝내 알 수가 없고, 드러난 일들에 의탁하면 분명하고 명확하게 알 수 있다.

✤ 조선 시대 유학자들은 상민들을 도덕적 판단 능력이 부족한 사람들로 여겼다. 앞에서 살펴본 '도남 서원 통문'이 이러한 사실을 잘 보여 준다. 이에 대해 최제우는 '어찌 사람들에게 앎이 없다 하느냐?'고 반문한다. 최제우는 다음과 같이 생각한다. '유학자들이 그렇게 생각하는 것은 형이상의 원리를 파악하는 데 매몰되어 있기 때문이다. 형이상의 원리를 파헤치려고 해 봐야 그로부터 얻는 결론은 모두 불확실한 것들뿐이다. 옛 성인들은 자연 현상을 파악하고 그것을 통해 자연의 섭리를 이해했지 형이상의 원리를 먼저 깨닫고 그것을 통해 자연 현상을 파악한 것이 아니다. 게다가 지금은 그 시대로부터 많은 세월이 흘렀는데 이 시대를 살아가는 사람들을 두고 앎이 없다고 해서야 되겠는가? 아무것도 모르는 어린애조차 앎이 있는데 사람

들에게 앎이 없다고 해서야 되겠는가? 소, 까마귀, 제비조차도 앎이 있는데 사람들에게 앎이 없다고 해서야 되겠는가? 이 세상 모든 사람은 세상사를 판단할 수 있는 능력을 갖추고 있는 것이니 그런 말 하지 말라!'

〈불연기연〉은 부(賦)이기 때문에 어려운 구절이 있다. 원문의 느낌을 맛본다는 의미에서 중요한 구절 하나를 살펴보고 넘어가자. 본문에 '아직 방향도 잡지 못했던 그 옛날 문명 초기'로 번역해 놓은 말의 원문은 '산상지유수혜(山上之有水兮)'다. '산 위에 물이 있다.'는 의미로 오해하기 쉬운데, 이 구절은 '산이 위에 있고 아래에 물이 있다.'는 의미로서, 《주역》의 '산수몽(山水蒙)'을 풀어쓴 말이다. 산(山)을 상징하는 괘가 위에 있고 물(水)을 상징하는 괘가 아래에 있어서 '산수몽'이라고 한다. 몽(蒙)에는 '어리다', '어디로 가야 할지를 모르다'는 뜻이 있다. '위에는 산이 있고 아래에는 험한 내가 흐르는 상태'니 어디로 가야 할지 모르는 상황을 형상화한 것이다. 낯선 도시에 가면 어디가 어디인지를 몰라서 어리둥절할 것이다. 산수몽은 이러한 상황을 상징한다. 문명 초기도 인류가 어떤 방향으로 가야 할지를 모르는 시기였다. 인류 발달의 어린 시절이었다고 할 수 있다. 그래서 이 말 아래에서 '산수몽'의 의미를 그대로 이어받아 '어린 아이에게도 앎이 있다.'고 말한 것이다. '머나먼 옛날 문명 초기의 사람들에게도 앎이 있었거늘 어째서 현대를 살아가는 사람들을 두고 앎이 없다고 하느냐?' 최제우는 이렇게 따져 묻고 있는 것이다.

✻　　　　✻　　　　✻

◦ 최제우 체포 과정과 심문에서의 답변 내용

1863년 11월에 지은 〈불연기연〉은 최제우의 마지막 가르침이 되었다. 조정에서는 1863년 11월 20일 선전관 정운구를 파견해 12월 10일 최제우를 체포했고, 압송 행렬이 12월 11일 경주를 떠나 12월 20일경 과천에 도착했다. 그런데 이때는 조정도 경황이 없었다. 12월 8일 철종이 후사(後嗣) 없이 사망했고 12월 13일 12세의 고종이 즉위해 대왕대비 신정왕후가 수렴청정을 시작했기 때문이다. 그래서 조정에서는 압송 행렬을 다시 대구로 돌려보냈다. 압송 행렬이 대구에 도착한 것은 1864년 1월 6일이고 1월 20일 이곳에서 심문이 시작되었다. 3월 2일 조정에서는 최제우에게 효수형을 언도했고 3월 10일 대구 남문 밖 관덕당 뜰에서 형을 집행했다.

여기에서는 최제우를 체포한 선전관 정운구의 보고서를 통해 최제우를 체포한 과정을 살펴보고, 최제우를 심문한 경상 감사 서헌순의 보고서를 통해 최제우의 법정 진술을 보자. 서헌순의 보고서에는 함께 체포된 여러 사람의 진술이 기록되어 있는데 여기에서는 양을 줄이기 위해 최제우의 진술만 발췌해서 보기로 한다. 보고서 내용 중에는 액면 그대로 받아들일 수 없는 부분들이 많다. 최제우의 글과 상반되는 내용이 나온다는 점, 세상에 떠도는 말들이 많이 담겨 있다는 점, 정강이뼈가 부러지는 고문 속에서 심문이 이루어졌다는 점, 보고서를 올린 사람에 의해 편집된 내용이라는 점 등을 감안하며 읽는 것이 좋겠다.

동학은 최제우의 죽음을 통해서 그 빛이 드러났다. 여기에서 죽음이란 온갖 거짓에 대한 항거를 뜻한다. 최제우는 양반 관료들의 모함과 왜곡에 굴복하지 않았고 정부의 고문과 조작에 죽음으로 맞섰다. 동학을 창도한 것은 최제우지만 어두운 밤일수록 별이 빛나는 것처럼 동학을 빛나게 한 것은 양반 관료들의 모함과 왜곡, 정부의 고문과 조작이었다. 최제우는 동학으로 몰려드는 사람들과도 일체 타협하지 않았다. 오히려 "나를 믿지 말고 그대들의 양심을 믿으라."고 하며 그들의 이기심을 혹독하게 비판했다. 이러한 점들을 염두에 두고, 정운구의 보고서와 서헌순의 보고서를 살펴보자. 어려운 용어들이 나올 텐데 문맥을 파악하는 데는 지장이 없으니 모르는 채 넘어가도 무방하다.

정운구의 서계(書啓, 임금에게 올리는 보고서의 한 종류)

신은 11월 20일 오시(午時)쯤, 하교하신 명령서 한 통을 전해 받았습니다. 경상도 경주 등지에서 동학의 괴수를 자세히 탐문해 잡아 올릴 목적으로 선전관의 표신(標信, 신분을 나타내는 표)과 마패를 인수하고 무예별감 양유풍과 장한익, 그리고 좌변 포도청 군관 이은식 등을 거느리고 바삐 서울을 떠났습니다. 다음 날인 22일 출발해 신분을 감추고 밤길을 달렸습니다. 조령을 넘어서부터 비로소 다방면으로 탐문 수사를 하며 흩어져서 실정을 살폈습니다. 보고 들은 것에서 단서를 포착하고 동학 괴수가 지은 글에서 이것을 다시 확인한 후 그 죄상을 밝힙니다.

조령에서 경주까지는 400여 리가 되고 도읍이 스무 개에 가까운데 동학에 대한 이야기가 귀에 들어오지 않은 날이 거의 없었고 경주에 가까워질수록 점점 심해져서 주막집 여인과 산골짜기 아이들까지 동학의 주문을 외우고 있었습니다. 그 글을 '위천주(爲天主)' 또는 '시천주(侍天主)'라 부르며 조금도 부끄러워하거나 숨기려고 하지 않았습니다. 모든 사람이 동학을 배운다고 말할 수는 없지만 얼마나 성행하고 있는지는 알 수 있었습니다. 그것이 누구에게서 나왔는지를 탐문해 보니, 모든 사람이 이구동성으로 "최선생이 홀로 깨달은 것이며 그의 집은 경주에 있다."고 했습니다. 그래서 경주에 도착하자마자 시장과 사찰을 오가며 나무꾼과 장사치들을 만나 보았는데, 어떤 사람은 물어보기도 전에 먼저 말을 꺼내고 어떤 사람은 대답도 하기 전에 상세히 가르쳐 주었습니다.

그들이 최선생이라고 부르는 자는 어릴 때의 이름이 복술(福述)이고 성장해서의 이름이 제우(濟愚)이며 집은 경주 현곡면(見谷面) 용담리(龍潭里)인데 오륙년 전 울산으로 이사 가서 무명 장사로 생계를 유지하다가 근래에 다시 경주로 돌아와 살았다고 합니다. 경주로 돌아온 뒤 간혹 사람들에게, "정성을 다해 하늘에 제사를 지내고 집으로 돌아오는 길에 공중에서 책 한 권이 떨어져서 그것을 가지고 공부했다."고 말했답니다. 다른 사람들은 그 책의 내용이 무엇인지 파악하지를 못했는데 그가 홀로 '선도(善

道'라 했고 그 내용이 충분히 파악되자 사람들에게 그 내용을 가르쳤다고 합니다. 그 도(道)를 처음 배울 때는 반드시 먼저 몸과 입을 깨끗이 해야 13자를 가르쳐 주고 그 다음에 8자를 가르쳐 주고 그 다음에 다시 13자를 가르쳐 준다고 합니다. 그러나 그것을 배우고 싶어 하는 사람들은, 재앙을 피하고 병이 낫고 신명을 접하게 된다는 말에 속아서 쉽게 빠져든 것일 뿐입니다. 글을 모르는 아녀자나 아이들까지도 밤낮을 가리지 않고 주문을 외운다고 합니다. 또 약을 먹는 방법이 있는데 한 번 그 약을 복용하면 이 학설에 전심하게 되어 여기에서 벗어나려는 생각을 다시는 하지 않게 된다고 합니다. 또 약을 복용하면서 금기 사항을 어기면 크게 미쳐서 남의 눈을 빼먹고 그 자신도 스스로 죽고 만다고 합니다.

매달 초하루와 보름에 돼지를 잡고 과일을 사서 깨끗하고 조용한 산 속으로 들어가 제단을 차려 놓고 하늘에 제사를 지내며 주문을 외워 신명이 들게 하는데, 지금은 괴수 최가의 집에서 금년만 해도 여러 차례 모여 강설(講說)했다고 합니다. 처음 배울 때는 으레 선생에게 예물을 바치는데 많고 적음을 헤아리지 않고 아낌없이 바치며, 가르침을 받아 깨달음에 이르면 배운 사람들이 재산을 바치는데 조금도 후회하거나 아까워하지 않는다고 합니다. 여러 명을 모아 놓고 강론하는 자리에서는 최가가 주문을 외워 귀신을 내려오게 하고 나서 손에 목검을 쥐고 무릎을 꿇고 있다가 일어나 칼춤을 추는데 공중으로 한 길 남짓 뛰어 올랐다가 한참만에야 내려오는 것을 본 사람도 있다고 합니다.

작년에 최가를 잡아 진영(鎭營)에 가두자 며칠 지나지 않아 제자 수백 명이 몰려와서 진영에 호소하기를, "우리의 공부는 본래 다른 사람들에게 피해를 주고 풍속을 해치는 것이 아니니 우리 선생님을 속히 풀어 주십시오." 해서 진영에서 곧바로 풀어 주었다고 합니다. 풀어 준 뒤에도 그들

무리는 수백 명이 되었지만 그들이 일시에 집회를 한다거나 모여서 난동을 부리는 일은 없었다고 합니다. 그러나 집이 멀고 가까운 것에 상관없이 공부하러 오는 자가 날마다 늘어 오가는 행렬이 끊이지 않고, 서로 연락하는 일이 은밀하게 이루어지고 있어서 그 수를 헤아릴 수가 없어 어쩔 수 없이 드러난 것만 진술했습니다.

위에 열거한 소문 중에는 황당한 내용이 있어서 그대로 믿을 수가 없어, 이달 9일에 양유풍과 고영준 등을 최복술[최제우]이 살고 있는 곳에 잠입시켜 자세히 염탐해 오게 했습니다. 그들이 돌아와 다음과 같이 보고했습니다.

장가(張家)라는 자가 동네 입구에서 최복술의 집으로 안내해 주었습니다. 그가 먼저 들어가 선생님을 만나러 온 사람들이 있다고 알린 후에 다시 나와서 우리를 데리고 들어갔습니다. 최복술을 만나 겸손한 말로 공경을 표한 후 공부하고 싶다고 간절히 청하니, 최복술은 조금도 비밀로 하거나 숨기지 않고 흔쾌히 허락했으며, 낮에는 짬이 없으니 먼저 점심과 저녁을 먹고 오늘밤 이곳에 머물면 가르쳐 주겠다고 했습니다. 그곳에 머물면서 두루 살펴보니 사람들이 방 두 칸에 가득 차 있었고, 여기저기에서 설명도 하고 주문도 외고 했습니다. 최복술을 처음 만나 절을 올리며 공부를 청하는 사람들이 삼사십 명 되었습니다. 어떤 사람은 곶감을 속수(束脩, 배움을 청할 때 선생께 드리는 예물)로 내놓고 어떤 사람은 엽전 서너 냥을 속수로 내놓았습니다.

어떤 사람이 "주문을 소리 내어 읽지 않고 마음속으로 읽으면 어떻겠습니까?" 물으니, 최복술이 "그럴 바에는 차라리 배우지 않는 것이 낫습니다." 했습니다. 그 사람이 "남이 들을까 염려되어 드러내 놓고 읽을 수가 없습니다." 하자, 최복술이 "그러면 배우지 않는 것이 좋겠습니다." 했습니다. 그 사람이

"약은 어떻게 사용합니까?" 하니, 최복술이 "성실한 마음으로 약을 복용하지 않으면 부작용으로 죽음을 면치 못합니다." 했습니다. 그 사람은 더 이상 묻지 않았습니다.

최복술이 앉아 있는 자리 앞에는 과거 시험의 부(賦)처럼 육언(六言)으로 지은 글들이 수십 장 쌓여 있었는데, 최복술이 붓을 들어 채점하며 말하기를, "우리의 학문이 이루어지고 나면 하늘 외에 다른 것은 두려워할 것이 없습니다. 그러나 여러분이 제출한 답안을 보면 동학을 존숭할 줄은 아는데, 어찌 동학 외에 다른 학문이 없겠습니까? 이것은 본래의 취지를 크게 잃은 것입니다." 했습니다. 이어서 답안지 가운데 하나를 꺼내어 이것은 본래의 취지를 잘 파악했다고 하며 일등을 주었습니다. 그리고 나서 글 한 편을 제자들에게 내주며, "이것은 내가 지은 것인데 이와 같이 이해하면 본래의 취지를 잃지 않을 것입니다." 했습니다. 벽에도 써 붙여 놓은 글이 많았는데 범서(梵書) 같이 생긴 글자들이 있어서 무슨 뜻인지는 전혀 알 수가 없었으나 그자가 공부하는 내용인 것 같았습니다.

우리가 "점심과 저녁을 들고 하룻밤 묵어가라고 하신 말씀은 고맙습니다만 동학을 배우고자 하는 사람들은 먼저 몸을 깨끗이 해야 한다고 들었습니다. 저희들은 며칠 여행을 한 탓에 몸도 깨끗하지 못하고 묵을 곳도 정하지 못했습니다. 몸을 깨끗이 하고 모레 다시 찾아뵙겠습니다." 하니, 최복술이 "그러면 남문 밖 최자원과 이내겸을 찾아가 보십시오. 내 말을 전하면 그들이 편안히 묵을 곳을 마련해 줄 것입니다. 최자원은 내 수제자고 이내겸도 서로 잘 알고 지내면서 이 일을 잘 아는 사람이니 찾아가기만 하면 될 것입니다." 했습니다. "저희는 처음으로 이곳에 온 사람들이라 두 사람에게 주인의 말씀을 전하여도 그 사람들이 망설일 수 있습니다. 주인께서 붓글씨를 써 주시면 의심이 없을 것입니다." 했으나 붓글씨는 끝내 써 주지 않았습니다.

그래서 "모레 다시 오겠습니다. 하루 이틀이지만 익힐 만한 글을 알려 주시면 좋겠습니다." 하니, "최자원에게 찾아가면 알려 줄 것입니다." 했습니다. 동네 입구 장가(張家)의 집으로 가서 동학의 주문에 대해 자세히 물어서 적어 왔습니다.

신이 그 주문을 살펴보았는데, 두 구절로 이루어진 13자 주문이 하나이고 한 구절로 이루어진 8자 주문이 다른 하나라고 합니다. 잠입한 사람들이 만나서 문답한 내용과 앞서 전해 들은 이야기를 비교해 보면, 한두 가지 목격하지 못한 일도 있기는 하지만 대체로 서로 일치하니 정녕 의심의 여지가 없습니다. 최복술이 동학의 괴수임이 분명하므로 신은 그날 밤 경주 관아의 장교와 포졸 30명을 비밀리에 차출해 양유풍, 장한익, 이은식 등으로 하여금 통솔하게 했습니다. 달밤에 이십 리를 달려가서 한밤중에 그 소굴로 돌진했습니다. 양유풍이 선두에서 장졸을 이끌며 몸을 아끼지 않은 노력으로 최복술과 그 제자들 23명을 결박해 끌어냈습니다. 신이 곧바로 경주 관아로 가서 제 신분을 밝히고, 최복술의 생김새를 그린 뒤 형구(刑具. 형벌을 집행할 때 쓰는 도구)를 채워 놓게 했고 그 제자들도 우선 하옥시켜 놓으라 했습니다. 이렇게 조처한 뒤 지금 조정의 처분을 기다리고 있습니다.

최복술을 체포하러 가기 전에 경주 관아에 비밀 문서를 보내 최자원과 이내겸을 잡아 가두게 했으나 최자원과 장가(張家)는 먼저 눈치채고 도망을 쳤고 이내겸은 곧바로 체포했습니다. 최자원과 장가는 경주 관아에 엄히 신칙(申飭. 단단히 타일러서 경계함)해 반드시 체포하라 했고, 이내겸은 생김새를 그린 뒤 형구를 채워 가두어 놓으라 했습니다. 이내겸은 최복술과 함께 압송하겠습니다. 압수한 문서와 편지 등은 하나하나 단단히 봉하고 하나로 묶어서 이은식에게 인계했습니다. 그 문서 중 특히 〈논학문〉에는 최복술이 동학의 괴수가 되는 근거가 상세히 기록되어 있습니다. 신은 곧 바로 최제우와 이내겸을 서울로 압송하겠습니다.

서헌순의 장계(狀啓, 임금에게 올리는 보고서의 한 종류)

경주의 동학 죄인 최복술 등에 대해 본말(本末)을 밝히고 경중(輕重)을 나누어 정리해서 보고하라는 명을 받았습니다. 동학 죄인들을 심문한 사람은 상주 목사 조영화, 지례 현감 정기화, 산청 현감 이기입니다.

[1차 진술] 최복술(崔福述)은 다음과 같이 진술했습니다.
저는 경주 사람으로 공부 가르치는 것을 직업으로 삼고 있습니다. 서학이 들어왔다는 말을 듣고 유학을 공부하는 사람으로서 그것이 세간에 퍼지는 것을 차마 보고만 있을 수가 없어서, 하늘을 공경하고 하늘에 순종하는 마음으로 '위천주(爲天主) 고아정(顧我情) 영세불망(永世不忘) 만사의(萬事宜)' 13자를 만들어 동학이라 이름 지었습니다. '우리나라의 학문'이라는 뜻에서 동학이라 이름 지은 것입니다. 서학은 음(陰)이고 동학은 양(陽)이기 때문에 양으로써 음을 제압할 목적으로 늘 소리 내어 읽었습니다. 아들에게 감병(疳病, 어린아이에게 생기는 병으로 배앓이 등의 증상이 있음)이 있었는데 이것을 외워서 저절로 완쾌되었고, 중풍에 걸린 사람이든 간질(癎疾)에 걸린 사람이든 병에 걸린 사람이 있으면, 병이 곧 나을 것이니 이것을 소리 내어 읽으라고 권유했습니다. 서법을 좀 알아서 누가 글씨를 써 달라고 하면 언제나 귀(龜) 자와 용(龍) 자를 써 주었습니다. 병을 치료할 사

람이 있으면 산속에 들어가 제사를 지냈지만 소를 잡은 적은 없습니다. 잡병(雜病)에 걸린 사람들에게는 궁(ㅁ) 자 쓴 종이를 태워 물에 타 마시게 했더니 병이 곧 나았습니다. 찾아오는 사람이 많아서 도당(徒黨)이라는 이름이 붙은 것이지, 붓을 잡고 신명을 내리게 하거나 칼춤을 추면서 공중에 뛰어오르거나 돈과 쌀을 뜯어낸 적은 처음부터 없었습니다. 선생이니 제자니 하는 호칭도 제가 자칭한 것이 아닙니다. 동학은 사악한 가르침과는 달라서 숨길 것이 전혀 없습니다.

[2차 진술] 최복술은 두 번째 심문에서 다음과 같이 진술했습니다.

저는 1860년 무렵에, '서양 사람들이 먼저 중국을 점령하고 그 다음 우리나라로 들어오려 한다. 무슨 일이 일어날지 예측할 수가 없다.'는 소문을 들었습니다. 그래서 서양 세력을 제압하기 위해 13자 주문을 지어 사람들에게 가르쳤습니다. 하늘에 제사를 지낸 것은 정성을 다하면 이롭지 않은 일이 없기 때문입니다. 양서(洋書)에서는 반드시 궁(ㅁ) 자 아래 부분에 점 두 개를 찍어 그것을 책명으로 삼으니 그것을 태워 마셔서 액운을 없애고자 했습니다. 처음 배울 때 몸이 떨리고 정신이 맑아지는 것을 느꼈는데 하루는 천신(天神)이 내려와 가르치기를, '요즈음 배로 오가는 자들은 모두 서양 사람인데 칼춤이 아니면 제압할 수가 없다.'고 하며 제게 검가(劍歌) 한 편을 주었습니다. 그래서 그것으로 부(賦)를 지어 부른 일이 있습니다. 더 말할 게 없습니다.

[3차 진술] 최복술은 세 번째 심문에서 다음과 같이 진술했습니다.

'서양 사람들이 들어올 것이다.'는 말은 사악한 마귀에게 속은 것이고, '갑자년(1864)에는 궁궁(ㅁㅁ)에 이로움이 있다.'는 말은 떠도는 말을 주워

들은 것입니다. 마귀가 와서 '계해년(1863) 12월 19일에 서양 사람들이 들어올 것이니 갑자년(1864) 1월에는 그 소식을 듣게 될 것이다. 계해년 10월에는 네가 하양 현감이 되고 12월에는 이조 판서가 될 것이다.'라고 했습니다. 검무(劍舞)도 마귀가 시킨 것입니다. 접신 이후 필법이 더욱 좋아져서 글씨를 써 달라고 하는 사람들이 많아 종종 써 주었습니다. 하루에 몇백 리를 걷는다는 말은 헛소문입니다. 저는 본래 걸음이 느려 몇십 리만 걸어도 발이 부르튼습니다. 가마를 타고 다닌다는 말은, 지난해 신영과 영천에 갔다 온 일을 두고 하는 말입니다. 일월산(日月山)에서 소동을 일으킨 적이 있다는 말은 오해입니다. 어떤 사람이 그 산에 들어가서 제사를 지낸 적이 있다고 들었습니다. 제 얘기가 아닙니다. 더 말할 게 없습니다.

[4차 진술] 최복술은 네 번째 심문에서 다음과 같이 진술했습니다.
'궁(弓) 자 아래 점 두 개 찍은 글자'를 옥편에서 '도교의 경서에 나온다.'고 해석해 놓은 것을 보면 서학도 도교와 비슷한 것 같습니다. 궁(弓) 자 아래 점 두 개 찍은 것이나 궁궁(弓弓)이나 같기 때문에 '궁궁(弓弓)에 이로움이 있다.'고 한 것입니다. 계해년(1863) 12월 19일이 되어도 아무런 소식이 없었기 때문에 학도들이 사실무근인 것으로 여길까봐 갑자년(1864) 10월 11일로 연기되었다고 다시 말했습니다. 만약 이 달에도 아무런 소식이 없으면 다시는 이런 공부를 하지 말자고 서로 약속했습니다. 돈과 곡식, 갑옷과 병기를 비축해 두었다는 말은 사실무근입니다. 서양 도적이 출몰하면 주문과 칼춤으로 도적을 제압할 것이고 하늘 귀신의 도움을 받을 텐데 이런 것을 뭐 하러 준비하겠습니까?

대질 심문을 하며 위와 같은 진술서를 받았습니다. 동학하는 무리들을 철저히 조사해 보니 다음과 같이 정리할 수 있겠습니다. 최복술은 본래 요망한 부류로서 감히 황당한 술책을 마음에 품고 주문(呪文)을 만들어 사람들을 선동해 놓고는 요망스럽게 하늘을 위하는 것이라고 말합니다. 서학을 배척하는 말이라고 주장하지만 오히려 사악한 학문을 답습한 것입니다. 〈포덕문〉은 의도적으로 겉을 치장해 음흉한 마음을 실현해 보고자 한 것일 뿐입니다. 궁(弓) 자 처방이 비방(秘方)에서 나왔다 했고 검무와 검가를 만들어 흉악한 노래를 세상에 퍼뜨렸습니다. 평온한 세상에 살면서 난을 일으킬 목적으로 은밀히 도당을 모아 놓고 걸핏하면 귀신이 내려와 가르친 것이라고 했습니다. 그 술책은 한나라 때의 황건적과 같고, 돈과 곡식을 뜯어낸 것은 한나라 때의 미적(米賊)과 같습니다. 법이 지엄하니 조금도 용서할 수 없습니다. 다행히 괴수가 체포되어 진상이 속속들이 드러났으므로 열거해 올리며 처분을 기다립니다.

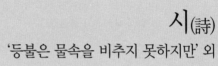

8
시(詩)
'등불은 물속을 비추지 못하지만' 외

제8편_시(詩)
'등불은 물속을 비추지 못하지만' 외

《동경대전》의 산문으로 된 저작은 앞에서 모두 살펴보았고 여기에서는 최제우의 시 몇 편을 감상하기로 한다. 〈탄도유심급〉으로 묶여 있는 시들은 단일한 주제를 띠고 있고 동학을 가르치기 위해 배포한 글이어서 앞에서 별도로 다뤘다. 여기에서 살펴볼 시들은 〈탄도유심급〉 이외의 작품들이다. 다만 굳이 다루지 않아도 되는 시, 의미가 명료하지 않은 시, 원문으로 읽을 때만 의미가 있는 시 몇 편은 여기에서 제외했다.

등불은 물속을 비추지 못하지만

등명수상 무혐극(燈明水上 無嫌隙)
등불은 물속을 비추지 못하지만 그러기에 오히려 온 세상을 밝히고

주사고형 역유여(柱似枯形 力有餘)
기둥은 말라 죽은 것 같지만 그러기에 오히려 떠받치는 힘 넉넉하다

✞ 심문을 받던 중 혹독한 고문으로 정강이뼈가 부러진 그날 밤, 수발드는 사람에게 부탁해 이 시를 은밀히 최시형에게 전했다. 최제우의 유언이었던 것이다.

《주역》은 64개의 괘(卦)로 이루어져 있는데 63번째 괘가 '수화기제(水火旣濟)'고 64번째 괘가 '화수미제(火水未濟)'다. 제(濟)는 '물을 건너다'는 뜻이고 기제(旣濟)는 '물을 건넜다'는 뜻이며 미제(未濟)는 '아직 물을 건너지 못했다'는 뜻이다. 최제우의 시는 '화수미제'를 표현한 것이다. 위에 불을 상징하는 괘가 있고 아래에 물을 상징하는 괘가 있어 '화수미제'라고 한다. 위 시에서는 이것을 등명수상(燈明水上, 등불이 물 위에 빛나고 있다)으로 표현했다.

불은 위로 타오르고 물은 아래로 흐른다. 그래서 불이 위에 있고 물이 아래에 있으면 불이 위에서 위로 타오르고 물이 아래에서 아래로 흐르기 때문에 불과 물이 잘 어울릴 수가 없다. 불이 아래에 놓여

있어야 위에 놓여 있는 냄비의 물을 끓일 수 있는 것과 같다. 이러한 모습을 형상화한 것이 화수미제다. 남자의 마음이 여자에게 쏠리고 여자의 마음이 남자에게 쏠려야 남녀 간의 교제가 순조롭게 진행되는데 남자와 여자의 관심이 어긋나서 교제가 순조롭게 진행되지 않는 상황, 이러한 모습이 화수미제다. 최제우 자신은 개벽 세상을 천명했지만 양반 관료들은 자신을 역적으로 몰고 민중들은 사회 변혁에만 집착하는 상황, 이러한 상황이 화수미제고 최제우는 이것을 등명수상(燈明水上)으로 표현했다.

그러나 이 괘가 부정적인 의미만을 담고 있는 것은 아니다. 어떤 일이 일단락되고 다시 새롭게 시작하는 단계를 말할 때도 화수미제라고 한다. 고등학교를 졸업하고 대학교에 입학할 때, 대학교를 졸업하고 사회에 진출할 때, 겨울이 지나고 봄이 시작될 때가 바로 화수미제다. 상반된 것으로 보이는 이 두 가지 의미는 자연스럽게 연결이 된다. 예를 들어 대학교에 갓 입학하면 친구도 없고 환경도 낯설지만 새로운 생활에 대한 기대감이 있을 테고, 처음 남녀가 사귈 때에는 서로의 감정에 대해 긴가민가하면서도 새로운 만남에 대한 호기심이 있을 것이다. "무혐극(無嫌隙)"도 원래 의미는 '아무런 의심이 없다.', '긴가민가함이 없다.'는 뜻으로, 갖가지 모함을 받고 있는 '낯선 상황'에서 바람직한 방향으로 흐름이 바뀔 때의 상황을 묘사한 것이다. 이처럼 '낯선 상황'과 '새로운 시작'을 동시에 함축하는 것이 화수미제다. 그래서 《주역》에서는 완성을 의미하는 수화기제 다음에 시작을 의미하는 화수미제를 놓아 대미를 장식했다. 최제우 는 이 미완성의 시를 통해서 미제(未濟)의 의미를 최시형에게 전한 것이다.

위 시를 의미로 풀면 다음과 같다. '동학을 밝혀 놓았으나 아직 제 대로 받아들여지지 않고 있다. 그러나 훤히 드러내었기에 동학에 대 한 온갖 모함과 오해는 힘을 잃고 온 세상 사람들이 동학으로 모여들 것이다. 내가 일을 이루지 못하고 덧없이 죽는 것 같지만 그러기에 동학이 굳건해질 수 있는 것이다. 나는 여기에서 순순히 죽음을 맞아 동학을 떠받치는 기둥이 될 터이니 그대는 높이 날고 멀리 뛰어 동학 을 일구어라. 동학을 세상에 밝히는 일은 나의 죽음으로 완성되는 것 이요[수화기제], 이것을 새로운 시작으로 해서 동학을 일구는 일[화수 미제]은 그대의 몫이다.'

최제우가 죽음을 선택하지 않고 달아나거나 굴복했다면 어찌 되었 을까? 관료와 유학자들이 말하는 대로 동학은 그저 '세상 사람들을 현혹하는 이상한 이야기' 정도로 막을 내렸을지도 모른다. 물기 머금 은 나무는 기둥으로 쓰일 수 없다. 물기를 모두 내뿜고 죽어야만 집 을 떠받치는 기둥으로 쓰일 수 있다. 최제우는 자신의 죽음을 건조된 나무에 비유하고 있다. 그가 말한 대로 죽음을 무릅쓰고 진심과 진실 을 밝혔기 때문에 동학이 생명력을 지닐 수 있게 되었다. 최시형도 최제우의 유언을 충실히 이행했다. 우리가 알고 있는 동학 운동은 모두 최시형을 구심점으로 해서 이루어졌다. 30년에 걸친 그의 노력에 힘입어 1894년에는 동학 농민 혁명이 일어나게 된다. 최제우가 참수된 일로부터 시작해서 최시형이 참수된 일로 막을 내린 것이 동학의 역사다.

좌잠(座箴)

오도박이약(吾道博而約)
우리의 도는 널리 쓰이지만 간략해서

부용다언의(不用多言義)
많은 말과 설명이 필요 없다.

별무타도리(別無他道理)
달리 특별한 방법 있지 않고

성경신삼자(誠敬信三字)
성, 경, 신 세 글자에 모든 것이 갖추어져 있다.

저리주공부(這裏做工夫)
이것을 공부하여

투후방가지(透後方可知)
투철해지면 아는 데 어려움 없다.

부파진염기(不怕塵念起)
속된 생각 일어날까 두려워 마라.

유공각래지(惟恐覺來知)
두려워할 것은 깨닫고자 하는 그 마음이다.

✦ 좌잠(座箴)은 '좌우명'을 뜻하는 말이다. 최시형과 평생을 함께
한 사람이 있다. 최시형이 있는 곳에는 그 곁에 늘 강수(姜洙)가 있
었다. 최시형이 동학의 총책임자였다면 강수는 부책임자에 해당하는
인물이다. 이 시는 최제우가 강수에게 전해 준 시다.

박이약(博而約)은 '모든 곳에 쓰이면서도 간략한 것'을 일컬을 때 흔
히 사용하는 말이다. 성(誠), 경(敬), 신(信) 세 글자만 알면 동학을 알
게 된다는 의미에서 박이약(博而約)이라고 했다. 진심으로 믿을 수 있
는 것이 신(信)이고, 가짜나 착각이 아니라 진짜인 것이 성(誠)이며,
늘 조심하는 것이 경(敬)이다. 다시 말하면 양심을 아는 것이 신(信)이
고, 양심에 따라 사는 것이 성(誠)이고, 양심을 잃지 않기 위해 늘 조
심하는 것이 경(敬)이다.

이 시에서 중요한 부분은 마지막 구절이다. 우리는 늘 속된 생각을

품고 산다. 로또에 당첨되고 싶은 부끄러운 소망도 부려 보고 한 달 만에 수학의 천재가 되는 허무맹랑한 상상도 해 본다. 이런 것이 한두 가지겠는가. 그래서 어떤 사람들은 이런 속된 생각이 일어나지 않게 하는 것을 수양의 목표로 삼아 속된 생각을 마음에서 쫓아내고 참된 진리를 터득하고자 노력하기도 한다.

그런데 여기에서 최제우가 말하고자 하는 것은 속된 생각을 쫓아내려고 하는 바로 그런 생각이 잘못되었다는 것이다. 무엇인가를 깨달으려고 하는 그 마음, 그것이 잘못되었다는 것이다. 마음은 깨달음을 얻기 위한 도구가 아니다. 최제우의 시각에서는 마음을 통해서 진리를 깨닫는 것이 아니라, 바른 마음 그 자체가 하늘이요, 진리였다. 항상 바른 마음을 유지하도록 주의하고 조심하면 되는 것이지, 마음에서 속된 생각을 제거하려고 노력하거나 마음으로 무엇을 깨달으려고 노력하면 벌써 마음을 놓치게 되는 것이다. 벌써 마음이 수단으로 전락하는 것이다. 마음이 곧 하늘인데 하늘이 어찌 수단이 될 수 있으랴! 양심을 알고 양심의 명령에 따르고 양심을 잃지 않으면 되는 것이다. 위 시는 이러한 내용을 표현한 것이다.

절구(絶句)

하청봉명 숙능지(河淸鳳鳴 孰能知)

운자하방 오부지(運自何方 吾不知)
평생수명 천년운(平生受命 千年運)
성덕가승 백세업(聖德家承 百世業)

천년에 한 번 황하가 맑아진다는데
그때가 되면 봉황이 운다는데
그때를 누가 알랴.

이 시대의 흐름
언제 어떻게 트일지
나 역시 모른다네.

평생에 걸쳐 받은 천명
천년을 이어 갈 물줄기요.

집안에 내려온 성인(聖人)의 가르침
백 대를 꽃피울 토양이려니.

✤ 기·승·전·결 네 구로 이루어진 시를 절구(絶句)라 한다. 시 제목으로 흔히 사용된다. 고향인 경주 용담으로 돌아와 오랜 동안의 방황과 모색을 마치고 동학에 대한 확신을 가지게 되었을 때 이 시를 지었다고 한다.

팔절(八節)

부지명지소재(不知明之所在)
명(明)의 소재를 모르겠거든

원불구이수아(遠不求而修我)
멀리서 찾지 말고 자신을 수양하라.

부지덕지소재(不知德之所在)
덕(德)의 소재를 모르겠거든

료오신지화생(料吾身之化生)
바로 여기 내 몸을 헤아려 보라.

부지명지소재(不知命之所在)
천명[命]의 소재를 모르겠거든

고오심지명명(顧吾心之明明)
밝고 밝은 내 마음 되돌아보라.

부지도지소재(不知道之所在)
천도[道]의 소재를 모르겠거든

탁오신지일여(度吾信之一如)
한결같은 나의 믿음 헤아려 보라.

부지성지소치(不知誠之所致)

성(誠)으로써 이루는 일 무엇인지 모르겠거든

수오심지불실(數吾心之不失)

내 마음 잃지 않았는지 하나하나 따져 보라.

부지경지소위(不知敬之所爲)

경(敬)으로써 하는 일 무엇인지 모르겠거든

잠불이어모앙(暫不弛於慕仰)

마음에 대한 존경심 잠시라도 풀어놓지 마라.

부지외지소위(不知畏之所爲)

경외[畏]로써 하는 일 무엇인지 모르겠거든

염지공지무사(念至公之無私)

내 마음 공평무사한지 늘 생각하라.

부지심지득실(不知心之得失)

옳은 마음[心]인지 그른 마음인지 모르겠거든

찰용처지공사(察用處之公私)

공평무사하게 처신했는지 살펴보라.

✛ 팔절(八節)은 명(明), 덕(德), 명(命), 도(道), 성(誠), 경(敬), 외(畏), 심(心) 여덟 글자를 풀어 놓은 것이다. 여덟 글자 가운데 심(心)은 여기에서는 내용상 신(信)을 뜻하는 것으로 이해할 수 있겠다. 두 구씩 여덟 절로 되어 있어서 제목을 팔절(八節)이라고 했다. 또 명(明)과 덕(德), 천명과 천도, 성과 경, 외(畏)와 심(心)으로 두 개씩 짝지어 네 구를 한 단락으로 보면 의미가 더 명확해질 것이다. 시도 그렇게 구성되어 있다. 예컨대 명(明)과 덕(德)을 합하면 명덕(明德)이 되는데, 명덕(明德)은 《대학》 첫 구절에 나오는 말로 최제우의 '양심'에 해당하는 말이다.

여기에서 최제우가 말하고자 하는 것은 이러한 것들이 멀리 있지 않다는 것이다. 자신의 행동이 올바른 동기에서 나온 깃인지 사욕을 채우고자 하는 것인지는 누구보다 자신이 잘 안다. 심오한 진리를 알아야만 도덕성이 발현되는 것도 아니고, 심오한 진리를 안다고 해서 그 자체로 도덕성이 발현되는 것도 아니다. 내 마음이 곧 하늘이니 내 마음을 존중하고, 판단이 잘 서지 않으면 확신이 설 때까지 두 번 세 번 반복해서 생각하고, 행여나 잘못된 행동이 아닌지 늘 조심하고, 이런 마음을 잃지 않도록 늘 긴장하라는 것이다. 위모든 내용은 '내 마음을 존중하라.'는 한 마디, 곧 시천주(侍天主)로 요약된다.

공자 아니어도

명명기운 각각명(明明其運 各各明)
시대의 흐름 밝혀 놓으니 모든 사람 지혜롭고

동동학미 념념동(同同學味 念念同)
배움의 맛 함께하니 모든 사람 음미하네.

만년지상 화천타(萬年枝上 花千朶)
만년 나무에 천 떨기 꽃이여.

사해운중 월일감(四海雲中 月一鑑)
사해 구름 뚫고 빛나는 한 줄기 달빛이여!

등루인여 학배선(登樓人如 鶴背仙)
누각에 올라 보니 이 사람이 바로 학을 타는 신선이요.

범주마약 천상룡(泛舟馬若 天上龍)
배를 띄워 놓으니 이 배가 곧 하늘을 나는 용이로다.

인무공자 의여동(人無孔子 意如同)
공자 아닌 보통 사람도 생각은 공자 못지않고,

서비만권 지능대(書非萬卷 志能大)
학자 아닌 보통 사람도 품은 뜻 웅대하다.

✢ 최제우 자신이 동학은 매우 쉬운 것이라고 말한다. 쉽기 때문에 누구나 따를 수 있다. 누구나 따를 수 있기 때문에 누구나 성인이 될 수 있다. 성인으로 추앙 받는 대표적인 사람이 공자다. 유학자들은 공자를 지나치게 존숭한 나머지 공자는 보통 사람이 아니라고 생각했다. 물론 공자에게는 보통 사람을 감동시키는 특별한 매력이 있다. 최제우가 이것을 부정하는 것은 아니다. 그러나 공자는 보통 사람이었기 때문에 보통 사람을 감동시킬 수 있었고 보통 사람들의 존경을 받을 수 있었다. 애초부터 보통 사람과 다르다면 공자의 어떤 점을 존경한다는 말인가? 그러니 길거리에 널린 모든 사람이 공자일 수 있다.

또 성인은 책을 많이 읽어서 되는 것이 아니다. 책을 읽어서 성인이 되는 것이라면 책이 없던 시절에 또는 책이 매우 적었던 시절에 어떻게 성인이 나올 수 있었겠는가? 그러니 공부하지 못한 사람들이더라도 웅대한 뜻을 품을 수 있고 실현할 수 있다. 더욱이 책을 많이 읽었다는 이유로 공부하지 못한 사람들을 억압하고 기만하고 무시한다면 그것은 천명을 따르는 것도 천리에 순응하는 것도 아닐 것이다.

영소(詠宵)

야수속아 번복태(也羞俗娥 飜覆態)
야수에게 속아 우왕좌왕하는 이 세상 꼬락서니

일생고명 광한전(一生高明 廣漢殿)
달나라 광한전에서 한평생 내려 보네.

차심유유 청풍지(此心惟有 淸風知)
부끄러운 이내 마음 청풍은 아는지

송백운사 장옥면(送白雲使 藏玉面)
흰 구름 보내어 달님 얼굴 가려 주네.

✤ 영소(詠宵)는 '밤을 읊다'는 뜻이다. 달 아래 흰 구름 떠가는 것을 보고, '이 세상 세태가 달님 보기에도 부끄럽지 않느냐?'는 착상을 한 듯하다. 그리스도를 음역해서 '기독(基督)'이라고 한 것처럼 예수를 음역해서 '야소(耶蘇)'라고 했다. '야수(也羞)'도 예수를 음역한 것이다.

위 시에서는 예수에게 속아 우왕좌왕한다고 표현하고 있지만, 예수에게 속았다기보다는 '예수를 내세우는 사람들에게 속아 우왕좌왕한다.'는 표현으로 이해하는 것이 좋겠다. 갓 쓰고 도포 입고 유학자

행세하는 사람들이 공자를 내세운다고 해서 공자의 가르침을 따르는 것이라고 말할 수 없듯이 예수 팔아 장사하는 사람들이 예수를 내세운다고 해서 예수의 가르침을 제대로 따르는 것이라고 말할 수도 없다. 이런 것을 구분해서 이해할 필요가 있겠다.

우음(偶吟)

풍과우과지(風過雨過枝)
봄 바람 지나간 나뭇가지에 여름 장마 지나가네.

풍우상설래(風雨霜雪來)
봄 바람, 여름 장마 지나간 나뭇가지에 가을 서리 내리고 겨울 눈 내리네.

풍우상설 과거후(風雨霜雪 過去後)
봄 바람, 여름 장마, 가을 서리, 겨울 눈 다 지나고

일수화발 만세춘(一樹花發 萬世春)
한 그루 나무에 꽃피면 온 세상 봄일러라.

✤ 떠오르는 생각을 그대로 표현한 시를 우음(偶吟)이라고 하는데 한시의 제목으로 흔히 쓰인다. 개나리꽃이 피면 봄이 온 것이다. 겨울에 개나리꽃이 피지는 않는다. 이와 마찬가지로 민중 봉기가 일어

나고 사람들이 동학으로 몰려드는 것을 보면 앞서거니 뒤서거니 새 세상이 열리고 있는 것이다. 양반과 상민이라는 신분제 사회에서 누구나 동등한 주권을 행사하는 민중 중심 사회로 시대의 흐름이 바뀌고 있다는 것을 최제우는 정확히 읽어 내고 있다.

봄, 여름, 가을, 겨울이 지나면 1년이 끝나고 새 해가 시작되는 것처럼 문명 시대의 봄, 여름, 가을, 겨울이 지나고 이제 제2의 문명 시대 곧 개벽 세상의 봄이 온 것이다.

용담의 물이 흘러

용담수류 사해원(龍潭水流 四海源)
용담의 물이 흘러 그 물줄기 바다를 이루고

구악춘회 일세화(龜岳春回 一世花)
구미산에 먼저 온 봄, 온 세상을 꽃피우리.

✛ 구미산은 최제우의 고향에 있는 산 이름이고 용담은 구미산에 있는 계곡 이름이다. 아버지 대부터 용담 계곡에 용담 서사(龍潭書社)를 짓고 그곳에 기거하며 후학을 가르쳤다.

울산에 거주하던 최제우는 1859년 10월 이곳으로 돌아와 긴 사색 끝에 몇 년 동안의 방황과 모색을 마치고 1861년 6월부터 이곳에서 동학을 가르치기 시작했다. 그래서 용담은 최제우를 가리키는 말로도 쓰이고 동학을 가리키는 말로도 쓰인다. 《용담유사》의 용담은 최제우를 가리키는 말이고 위 시에서의 용담은 동학을 가리키는 말이다.

이 시는 1863년 8월경 경주 용담에서 조직적인 포교 활동을 전개할 때 지은 시다. 최제우가 포교한 기간은 1861년 6월부터 1863년 12월까지 2년 반밖에 되지 않지만, 동학이 우리 역사에 미친 영향은 위 시에서 예상한 대로 실로 지대한 것이었다.

《동경대전》을 마무리하면서 여기에서는 두 대구(對句)를 합쳐 한 편의 절구를 만들어 주기로 하자. 마지막 시는 조직적인 포교 활동을 전개하기 시작할 때 지은 대구이고, 처음 시는 최제우가 참수되기 직전에 지은 대구이다.

등불은 물속을 비추지 못하지만

등명수상 무혐극(燈明水上 無嫌隙)
등불은 물속을 비추지 못하지만 그러기에 오히려 온 세상을 밝히고

주사고형 역유여(柱似枯形 力有餘)
기둥은 말라 죽은 깃 같지만 그러기에 오히려 떠받치는 힘 넉넉하다

용담수류 사해원(龍潭水流 四海源)

용담의 물이 흘러 그 물줄기 바다를 이루고

구악춘회 일세화(龜岳春回 一世花)

구미산에 먼저 온 봄, 온 세상을 꽃피우리

《동경대전》, 개벽 세상을 열다

1. 최제우의 생애

(1) 시대 상황

최제우(1824~1864)가 활동하던 시기는 세도 정치(勢道政治)의 폐해로 사회·문화 질서가 무너져 내리던 조선 후기였다. 세도 정치는 정치가 법에 의해 이루어지지 않고, 힘에 의해 이루어지는 것을 말하는데 구체적으로 말하면 왕실의 외척인 안동 김씨가 또 다른 외척인 풍양 조씨와 경쟁하며 국정을 농단한 것을 말한다. 순조(재위 1800~1834)는 11세에, 헌종(재위 1834~1849)은 8세에 어린 나이로 즉위했고, 철종(재위 1849~1863)은 19세에 즉위했으나 강화도 농사꾼이었다. 이들은 국정을 수행할 능력이 없었고 왕비가 모두 안동 김씨였기 때문에 왕실의 외척인 안동 김씨가 권력을 쥐고 세상을 휘두를

수 있었다. 안동 김씨의 독재 정치로 인해 과거 시험을 통해 관료를
선발한다는 원칙은 산산이 부서지고 사람들은 과거 시험을 준비하
는 대신에 관직을 사기 위해 돈 보따리를 들고 안동 김씨의 문전을
드나들었다. 매관매직의 폐해는 고스란히 백성들에게로 돌아갔다.
지금의 군수, 시장, 도지사 등에 해당하는 관직을 사기 위해 안동 김
씨에게 지불한 돈은 탐관오리 면허증을 따는 데 필요한 투자 비용이
었다.

탐관오리들의 투자 비용은 세금 착복으로 회수되었다. 백성들이
국가에 내는 세금의 종류가 전정(田政), 군정(軍政), 환정(還政) 세 가지
여서 조선의 세금 제도를 삼정(三政)이라고 한다.

전정은 토지 사용에 부과하는 세금이다. 관리들은 여기에다 서원
의 제사 비용, 벼슬아치들의 음식값, 관청 수리비, 유흥비, 접대비
등 40여 가지를 부가해서 물렸다. 또한 조세 수탈을 견디지 못해 경
작자인 농민이 달아나면 그 땅에서 거두지 못한 세금을 이웃 사람에
게 물렸으며, 전정을 화폐로 내는 경우에는 곡물 가격을 높게 책정하
는 방식으로 세금을 착복했다. 이 때문에 농민들은 노비만도 못한 생
활을 해야 했고 농토를 버리고 떠나는 농민이 늘어 농토의 3분의 1이
묵은 땅으로 변했다.

군정은 병역의 의무를 군포(軍布)로 대신하는 것인데 죽은 사람한
테 부과하는 백골징포(白骨徵布), 16세 미만의 어린이한테 부과하는

황구첨정(黃口簽丁), 도망민의 이웃한테 부과하는 인징(隣徵), 도망민의 친척한테 부과하는 족징(族徵) 등 군정을 이용해 수탈하는 방식도 가지가지였다.

환정은 재난을 당한 사람들을 구제하기 위해 관아의 곡식을 대출했다가 추수할 때 거두어들이는 제도인데, 이 시기의 환정은 백성들을 상대로 한 고리 대금업으로 변해 있었다. 심한 경우 쌀과 돌을 섞어 빌려 주고 가을에는 이자까지 덧붙여 거두어들였다. 세금 제도가 이렇게 무너지면서 농민들의 저항도 거세졌고 1862년에는 전국 70여 곳에서 농민 봉기가 일어났다.

국내 상황에 이어 국외 상황을 살펴보자. 이 무렵 영국은 청나라를 상대로 아편 전쟁을 일으켰다. 영국은 청나라를 상대로 한 무역에서 항상 적자를 보자 아편 장사를 통해 이를 만회하려고 했다. 그런데 청나라에서 아편 매매를 금지하자 이것을 구실로 1840년 청나라를 침략했다. 전쟁에서 승리한 영국은 아편 장사를 하지 못해서 입은 손해액을 청구했다. 1856년에는 2차 아편 전쟁이 발발했다. 이것은 청나라 관헌이 아편 밀수선을 수색했다는 이유로 영국·프랑스·러시아·미국 등이 연합해서 일으킨 전쟁이었다. 1860년 영국·프랑스 연합군은 청나라에 상륙해 약탈·살인·방화·강간 등의 만행을 저지르며 북경을 점령했다.

삼정의 문란으로 민심이 흉흉한 데다가 아편 전쟁에 관한 소식이 전해지면서, "임진왜란 때는 이로움이 소나무 숲에 있어서 소나무 숲으로 피난 간 사람들이 살 수 있었고 홍경래의 난 때에는 이로움이 집 안에 있어서 집 안에 박혀 있던 사람들이 살 수 있었다. 지금은 이로움이 궁궁(弓弓)에 있으니 계룡산 같은 궁궁촌(弓弓村, 전쟁이 났을 때 대피할 수 있는 안전한 장소)을 찾아가야 살 수 있다.", "서양 사람들은 도(道)가 이루어지고 덕(德)이 세워져서 조화를 부리는 경지에 이른지라 못하는 일이 없다. 그 사람들이 무기를 들고 나오면 당할 사람이 없다." 등등의 흉흉한 소문이 나돌고 사람들은 점점 도참 신앙과 서학에 빠져들었다고 최제우는 전하고 있다. 인간의 도덕성은 찾아보기 힘들고 온갖 이기주의가 판치는 세상, 도참 신앙과 서학이 팽배한 세태를 최제우는 "효박(淆薄)한 세상인심", "각자위심(各自爲心)", "불순도덕(不順道德)", "불고천명(不顧天命)" 등의 언어로 표현하고 있다.

최제우는 이러한 시대 상황에 고심하면서 한편으로는 성리학이 더 이상 이 사회의 지침이 될 수 없다는 사실을, 다른 한편으로는 하늘님의 뜻을 받든다고 하며 다른 나라를 침략하는 외세의 위험성을 자각한다.

(2) 가계와 생애

최제우의 7대조 최진립(崔震立, 1568~1636)은 1592년 임진왜란이 일어났을 때 마을 청년 수십 명을 이끌고 이조리(伊助里)에 주둔하고 있던 왜군을 야간에 기습해 소탕했고, 1597년 정유재란 때는 무관(武官)으로 전투에 참여해 여러 차례 부상을 당하며 많은 전과를 올렸다. 그 이후 전라우도 수군절도사 등을 역임했다. 1636년 병자호란 때 공주 영장으로서 경기도 용인의 험천(險川) 전투를 선두 지휘하던 중 온몸에 화살을 맞고 전사했다. 1637년 병조 판서에 추증되었다.

최제우의 아버지 최옥(崔鋈, 1762~1840)은 경주 지방의 이름난 유학자였다. 최옥은 이상정의 제자 이상원의 문하에서 10년 동안 수학했다. 영남 지방의 유학자들은 이황(李滉)의 학설을 계승했는데, 이들을 '영남 남인'이라고 한다. 이상정은 영조 재위 시절 영남 남인의 중심으로 활약한 인물이었다. 최제우가 정통 퇴계 학파에 속하는 아버지로부터 가르침을 받으며 성장했다는 사실도 최제우를 이해하는 데 중요한 요소 가운데 하나다.

최제우는 1824년 10월 28일 경주군 현곡면 가정리에서 태어났다. 아버지 최옥은 36세 때 첫 번째 부인과, 39세 때는 두 번째 부인과 사별했다. 두 번째 부인이 딸 둘을 낳았지만 후사를 이을 아들이 없었기 때문에 63세 때 30세의 청상 과부였던 곡산 한씨(1793~1833)를 세 번째 부인으로 맞이해 최제우를 낳았다.

최제우는 10세 때 어머니를, 17세 때 아버지를 여의었다. 삼년상을 마치고 19세 때 월성 박씨와 결혼했고 21세 때부터 31세 때까지 전국을 누비며 장사를 했다. 10년간 전국 방방곡곡을 누비며 온갖 불합리·부조리·부도덕이 판치고 도참 신앙과 서학이 팽배한 현실을 목도하다 31세 때인 1854년 장사를 그만두고 처가가 있던 울산에 정착해 쇠를 만들어 파는 철점을 경영한다. 이 기간 동안 무엇이 올바른 삶인지를 생각하며 방황의 세월을 보낸다.

36세 때인 1859년 10월, 세상을 잘못 살았다는 깊은 반성과 이 시대의 문제점을 깊이 파헤쳐 보겠다는 굳은 결심 속에 고향인 경주 용담으로 돌아간다. 최제우의 아명은 복술(福述), 본명은 제선(濟宣), 자(字)는 도언(道彦)이었으나, 용담으로 돌아와 이름을 제우(濟愚)로, 자(字)를 성묵(性默)으로, 호(號)를 수운(水雲)으로 바꿨다. 이후, 출세하고자 몸부림했던 지난날을 뼈아프게 반성하며 민중이 다 함께 잘사는 세상을 모색하고, 개벽 사상의 근간이 되는 것으로서 '양심이 곧 하늘'이라는 의미를 담은 시천주(侍天主) 사상을 확립한다. 동학의 역사는 이 시점부터 시작된다.

세상에 대한 절망감을 안겨 준 10년 동안의 떠돌이 생활, 바른 삶이란 무엇인지를 고민했던 몇 년 동안의 방황, 굳은 결심 속에 진행한 7개월 동안의 모색, 그 뒤에 찾아온 1860년 4월 5일의 깨달음, 자신의 깨달음이 참인지 거짓인지에 대한 1년 동안의 검토. 이러한 과정을 거친 최제우는 주변 사람들의 권유에 따라 1861년 6월부터 동학을 가르치기 시작한다. 7월에 〈포덕문(布德文)〉을, 8월에는 〈안심가(安心家)〉를 지었다. 이보다 이른 시기에 〈용담가(龍潭歌)〉를 지었다.

서원과 관아에서 동학을 배척하는 움직임을 보이자 1861년 11월 경상도 경주를 떠나 전라도 남원으로 간다. 교룡산성(蛟龍山城)의 선국사(善國寺)에 방 하나를 얻어 은적암(隱蹟庵)이라 이름 짓고 6개월 남짓 이곳에 머무른다. 이 무렵 〈통문(通文)〉, 〈교훈가(敎訓家)〉, 〈도수사(道修詞)〉, 〈논학문(論學文)〉, 〈검가(劍歌)〉, 〈통유(通諭)〉, 〈수덕문(修德文)〉, 〈몽중노소문답가(夢中老少問答歌)〉를 지었다.

1862년 7월 경주로 돌아온 뒤 제자들을 통해 동학을 본격적으로 전파한다. 이때부터 동학은 급속도로 전파되었고 수많은 사람들이 모여들었다. 동학이 크게 확산되자 최제우는 경주 관아로부터 출두 요청을 받고 9월 29일 경주 관아에 가서 조사를 받는다. 최시형의 주도로 사람들 수백 명이 몰려가 최제우의 석방을 요구했고 최제우는 10월 5일경 무죄로 석방되었다. 그해 겨울 동학의 조직 단위인 접(接)을 구축하고 접(接)의 책임자인 접주(接主)를 임명했다. 1863년 8월 14일 동학의 조직과 뒷일을 최시형에게 맡긴다. 이것은 서원의 배척과 관아의 탄압에 어떤 식으로 대처하겠다는 결심이 서 있었다는 것을 의미한다. 당시의 분위기를 통해 자신의 신변에 어떤 일이 닥치리라는 것은 충분히 예상할 수 있는 일이었다. 이 무렵 〈도덕가(道德家)〉, 〈흥비가(興比家)〉, 〈탄도유심급(歎道儒心急)〉, 〈불연기연(不然其然)〉을 지었다.

조정에서는 1863년 11월 20일 선전관 정운구(鄭雲龜)를 파견해 12

월 10일 최제우를 체포했다. 압송 행렬이 12월 11일 경주를 떠나 12월 20일경 과천에 도착했다. 이때는 조정도 경황이 없었다. 12월 8일 철종이 후사(後嗣) 없이 사망했고 12월 13일 12세의 고종이 즉위해 대왕대비인 신정 왕후가 수렴청정을 하는 와중이었기 때문에 조정에서는 압송 행렬을 다시 대구로 돌려보냈다. 압송 행렬이 대구에 도착한 것은 1864년 1월 6일이고 1월 20일 이곳에서 심문이 시작되었다. 3월 2일 조정에서는 최제우에게 효수형(梟首刑, 죄인의 목을 베어 높은 곳에 매다는 형벌)을 언도했고 3월 10일 대구 남문 밖 관덕당 뜰에서 형을 집행했다.

(3) 저서

최제우의 저서로는 《동경대전》과 《용담유사》가 있다. 《동경대전》은 1880년에, 《용담유사》는 1881년에 모두 최시형에 의해 처음으로 간행되었다. 그러나 초판본인 1880년 판 《동경대전》과 1881년 판 《용담유사》는 현재 전해지지 않고 있다. 현재 전해지고 있는 가장 오래된 판본은 《동경대전》과 《용담유사》 모두 1883년 충남 목천에서 간행한 목활자본이다. 《동경대전》의 경우, 다른 판본으로서 1888년 강원도 인제에서 간행한 목각본이 전해지고 있다.

2. 최제우의 사상

(1) 중심 사상

조선 시대에 마음을 뜻했던 말로는 허령(虛靈), 영명(靈明), 신령(神靈), 귀신(鬼神) 등이 있다. 최제우도 마음을 뜻하는 말로 이러한 용어들을 사용한다. 한편 지기(至氣), 도기(道氣) 등의 용어를 사용하기도 하는데 '지기(至氣)'를 허령(虛靈)으로 설명하는 것을 보면 이 용어들도 마음을 뜻하는 것임을 알 수 있다. 마음 중에서도 좋은 마음, 곧 양심을 가리킨다.

최제우 사상의 특징은 양심과 하늘을 분리시키지 않는다는 데 있다. "귀신이 하늘이다.", "네 마음이 내(상제) 마음이다." 등등의 언급에서 이러한 특징을 확인할 수 있고, "사람이 바로 하늘이다. 사람 밖에 하늘이 따로 있는 것이 아니고 하늘 밖에 사람이 따로 있는 것이 아니다."라는 최시형의 언급에서도 이러한 특징을 확인할 수 있다. 이러한 특징을 현대어로 바꾸면 양심이 바로 하늘이라는 말이 되는데, 이것이 최제우의 중심 사상이다.

동학은 성리학과의 차이, 서학과의 차이를 드러낼 때 그 특징이 명료하게 드러난다. 양심이 바로 하늘이라는 것이 동학의 중심 사상이기 때문에 이 말 속에는 동학과 성리학의 차이, 동학과 서학의 차이가 압축되어 있다. 아래에서, 동학의 중심 사상을 통해 동학과 성리학의 차이, 동학과 서학의 차이를 드러내고 그것을 통해 동학의 특징을 정리한다.

(2) 동학과 성리학

성리학에 대비되는 동학의 특징은 첫째, '양심이 곧 하늘'임을 천명함으로써 지극히 어려운 성리학의 수양 이론을 단순화했다는 점이고 둘째, 동학에서 말하는 양심은 배운 자들의 양심만이 아니라 민중 일반의 양심임을 선포함으로써 양반 관료의 도덕성에 의해 펼쳐지는 애민 정치가 아니라 민중 자신들의 도덕성에 의해 건립되는 평등 사회를 지향했다는 점이다. 동학의 이러한 특징에 대해 좀 더 설명하면 다음과 같다.

조선 시대의 성리학에서는 매우 복잡하고 엄격한 수양 이론을 전개했다. 최제우 이전에도 성리학의 복잡하고 엄격한 수양 이론을 단순화시킨 사람들이 있었는데 그 대표적인 사람이 정약용(丁若鏞, 1762 ~1836)이다. 정약용은 "도심(道心)이 곧 천명(天命)"이라고 주장함으로써 성리학의 복잡하고 엄격한 수양 이론을 단순화시켰다. 최제우가 말하는 "양심이 곧 하늘"이라는 말도 정약용이 말하는 "도심(道心)이 곧 천명(天命)"이라는 말처럼 성리학의 복잡하고 엄격한 수양 이론을 단순화시킨 것이다.

그러나 정약용과 최제우 사이에는 커다란 차이가 있다. 정약용이 말하는 도심(道心)은 양반들만이 실현할 수 있는 선한 마음을 뜻하는 것이고 따라서 그가 말하는 애민 정치도 양반 관료에 의해 실현되는 애민 정치를 의미한다. 그는 도덕성과 실무 능력을 갖춘 관료들이 세상을 다스릴 때만이 바람직한 사회가 실현될 수 있다고 생각했기 때문에 한편으로는 관료들의 도덕성과 실무 능력을 강조했지만 다른 한편으로는 양반과 상민의 구분을 엄격히 해서 상민이 함부로 행동하는 일을 막아야 한다고 주장했다. 요컨대 민중도 자발적으로 선한 마음을 실현할 수 있다는 것을 정약용은 전혀 인정하지 않았다.

반면에, 최제우가 말하는 양심은 양반들만이 실현할 수 있는 선한 마음이 아니라 사람이면 누구나 실현할 수 있는 '선한 마음'을 뜻한다. 따라서 세상의 혼탁함을 탐관오리들의 잘못으로 돌리지도 않고 양반 관료들에게 도덕성을 요구하지도 않는다. 최제우의 의식 속에는 이미 양반과 상민의 구분이 없었던 것이다. 세상이 혼탁한 것은 탐관오리들 때문이라는 논리, 양반 관료가 바로 서면 세상도 그만큼 좋아질 것이라는 논리, 이러한 논리들을 철저히 부정한다. 도참 신앙이나 서학에 현혹되지 말라는 질타, 자신의 존엄성을 자각하고 실천하라는 외침은 늘 민중에게로 향했다. 양반 관료의 도덕성에 의해 좌우되는 세상은 막을 내리고 민중의 도덕성에 의해 좌우되는 제2의 문명 시대, 민중이 문명의 주체가 되는 개벽 세상이 열린다고 보았기 때문이다. 정약용은 양반·상민의 구별에 매우 엄격했던 마지막 유학자였지만 최제우는 양반과 상민의 차별을 허물어뜨린 새 시대의 개척자였다. 정약용은 성리학의 수양 이론을 단순화시켰지만 유학의 틀을 조금도 벗어나지 않았다. 최제우는 '도덕성으로 무장한 선비들이 세상을 다스릴 때 올바른 세상이 된다.'는 유학의 이념 자체를 완전히 벗어났다.

(3) 동학과 서학

하늘 아래 양반과 상민의 차별이 있을 수 없다는 것이 동학과 기독교의 공통점이다. 이러한 공통점은 몇 가지 형식에서도 일치한다. 기독교와 마찬가지로 동학에서도 천주라는 말을 사용하고, 기독교에서 주기도문을 외우듯이 동학에서도 주문을 외운다. 이것은 최제우가 성리학의 복잡하고 엄격한 수양 이론을 해체하는 과정에서 기독교의 장점을 적극 수용했기 때문에 나타난 현상이다.

그러나 동학과 기독교 사이에는 근본적인 차이점이 있다. 기독교에서의 천주는 야훼를 의미하지만 동학에서의 천주는 자연의 이치를 의미하고 실질적으로는 '자연의 이치에 순응하는 방법' 곧 양심을 의미한다. 자신의 마음을 텅 비우고 절대 존재인 야훼를 받아들임으로써 도덕성이나 종교성을 실현하고자 하는 것이 기독교라면 자신의 양심에 전적으로 의존함으로써 도덕성이나 종교성을 실현하고자 하는 것이 동학이다. 요컨대 기독교는 야훼를 섬기는 것이고 동학은 자신의 양심을 섬기는 것이다.

기독교에서의 천주는 야훼를 의미하기 때문에 개인과 신의 관계가 주축이지만 동학에서의 천주는 양심을 의미하기 때문에 개인과 개인의 관계, 개인과 사회의 관계, 개인과 시대의 관계가 주축이다. 따라서 양반과 상민을 차별하지 않는다는 공통점도 실제 내용은 다르게 나타난다. 기독교에서의 평등은 상민도 천당에 갈 수 있다는 평등이고 동학에서의 평등은 민중이 도덕성의 주체가 되어 신분 차별이 없는 개벽 세상을 만들자는 평등이다.

⑷ 개벽 사상

최제우는 양반만이 아니라 민중 일반이 도덕성의 주체가 되는 새로운 세상을 개벽에 비유했다. 사회 변혁을 의미하는 개벽 사상은 '민중의 도덕성'과 '운명 공동체에 대한 인식'을 두 축으로 한다.

최제우는 민중 스스로 자신의 도덕성을 자각하라고 다음과 같이 촉구한다. '사람과 기타 동물이 구분되지 않았던 문명 초기의 사람들에게도 앎이 있었건만 수천 년의 역사가 흐른 이 시대 사람들에게 앎이 없다는 말이냐? 갓난아이도 제 부모를 알아보는데 사람들에게 앎이 없다는 말이냐? 소, 까마귀, 제비도 앎이 있는데 사람에게 앎이 없다는 말이냐? 백성들에게 앎이 없다고 말하는 것은 그들이 불확실한 진리를 추구하기 때문이다. 동학은 눈앞에 보이는 확실한 것으로부터 출발한다. 미심쩍을 때는 욕심을 버리고 두 번 세 번 생각해 보라. 그러면 누구라도 진실을 알 수 있다. 욕심만 버리면 사람의 마음은 저울이나 자 못지않게 정확한 판단력을 지니고 있다. 그 마음을 잃지 않고 그 마음에 따라 살면 되는 것이다. 여기에는 신분의 차이가 있을 수 없다.'

최제우는 개인의 운명이 공동체의 운명에 달려 있는 것으로 본다. 그 당시는 돈만 있으면 상민들도 양반이 될 수 있었고 관직을 얻을 수 있었다. 개벽 사상은 이러한 행태를 허용하지 않는다. 부귀한 사람이 되기 위해 노력하지 말고 빈천한 사람도 잘 사는 세상을 만들어 보자는 것이다. "이 세상의 운명은 혼자 복(福)을 받고 혼자 화(禍)를 입는 것이 아니라 복을 받아도 함께 받고 화를 입어도 함께 입는 것이다."라는 말에서 최제우의 이러한 주장을 확인할 수 있다.

3. 최제우 이후의 동학 운동

(1) 최시형의 활약

1864년 2월 20일 정강이뼈가 부러지는 고문 속에서 마지막 심문을 받던 날, 최제우는 수발드는 사람을 통해서 칠언이구로 된 시 한 편을 은밀히 최시형에게 전했다. "등불이 물 위에 빛나고 있으니 온 세상을 밝힐 것이요, 기둥이 제법 말랐으니 떠받치는 힘이 넉넉하다.”
는 내용의 이 시는 다음과 같은 의미를 담고 있다. ‘동학을 밝혀 놓았
으나 이 세상에 받아들여지지 않고 있다. 그러나 그 의미를 훤히 드
러냈기에 동학에 대한 온갖 모함과 오해는 힘을 잃고 온 세상 사람이
동학으로 몰려들 것이다. 내가 일을 이루지 못하고 덧없이 죽는 것
같지만 그러기에 동학이 굳건해질 수 있는 것이다. 나는 여기에서 순
순히 죽음을 맞아 동학을 떠받치는 기둥이 될 터이니 그대는 높이 날
고 멀리 뛰어 동학을 일구어라. 동학을 세상에 밝히는 일은 나의 죽
음으로 완성되는 것이요, 이것을 새로운 출발점으로 해서 동학을 일
구는 일은 그대의 몫이다.’ 칠언절구의 나머지 두 행을 채우는 일은
최시형에게 주어졌고, 최시형은 나머지 두 행을 충실히 채웠다. 우
리가 알고 있는 동학 운동은 모두 최시형을 구심점으로 해서 이루어
졌다. 최제우가 참수되는 것으로부터 시작해서 최시형이 참수되는
것으로 막을 내린 것이 동학의 역사다.

최시형(1827~1898)의 본명은 경상(慶翔)이고 자(字)는 경오(敬悟)다.
1875년 새로운 출발을 다짐하며 조직을 재정비할 때 이름을 시형(時
亨)으로 고쳤다. 호(號)는 해월(海月)인데 언제부터 이 호를 썼는지는
밝혀져 있지 않다. 33세 때부터 화전(火田)을 일구어 생활했고 1861년
동학에 입도했으며 1862년 접주(接主)로 임명되었다. 1863년 최제우
는 자신의 계승자로 최시형을 지명했다.

최시형은 1864년 최제우가 참수된 뒤 동학을 일구는 막중한 책임을 맡았다. 동학은 조직의 일부가 드러나도 다른 조직에 영향을 미치지 못하도록 접(接) 단위로 움직인다. 동학 하는 사람들끼리도 소속이 다르면 서로의 정체를 알 수 없고, 접과 접은 연락책을 통해서만 소통한다. 이러한 조직의 특성상 조직의 정점에 있는 최시형은 늘 움직여야 했고, 움직이면서 조직을 만들고 동학을 전파했다.

최시형은 '사람 밖에 하늘이 따로 있는 것이 아니요, 하늘 밖에 사람이 따로 있는 것이 아니다.', '하늘을 섬기듯 사람을 섬겨라.', '양반과 상민을 차별하는 것은 나라를 망치는 일이요, 적자와 서자를 구별하는 것은 집안을 망치는 일이다.', '아이를 때리는 것은 하늘을 때리는 것이다.', '부인이 남편의 말을 따르지 않거든 정성을 다해 절하라.', '며느리가 베를 짜는 것은 하늘이 베를 짜는 것이다.', '밥이 하늘이다.', '앞으로 제사를 지낼 때는 벽을 향해 제상을 차리지 말고 자신을 향해 차려라. 내 몸 안에 하늘님을 모셔 놓고 어찌 나를 버리고 다른 곳을 향해 제상을 차리는가?' 등등의 가르침을 펼쳤다. 이러한 언급들은 인간의 존엄성, 노동의 소중함, 신분 차별의 부당성 등을 담고 있는데 모두 '사람이 하늘이다[人乃天(인내천)].'라는 한마디 말로 수렴된다. '인내천'은 자신의 양심을 소중히 하라는 의미에서 하늘을 모신다[侍天(시천)]는 말로, 양심을 기르라는 의미에서 하늘을 기른다[養天(양천)]는 말로, 타인을 존중하라는 의미에서 하늘을 섬긴다

[事天(사천)]는 말로도 표현된다.

1887년에는 충북 보은 장내리에 동학의 본부를 설치하고 본부의 일을 맡아볼 육임(六任)을 임명했다. 당시 최시형의 측근에 있던 권병덕, 김연국, 서인주, 손병희, 손천민, 임규호, 황하일 등이 본부의 일을 맡아보았다. 동학 본부를 세웠다는 것은 동학의 조직이 전국 규모로 확대되어 있었다는 것을 의미한다. 1888년에는 전라도 지역을 순회했다. 이에 앞서 1884년에도 전라도에서 4개월을 보낸 적이 있었다. 1891년에는 전라도 조직 사이에 일어난 알력을 조정하기 위해 다시 전라도 지역을 순회했다. 이 기간 동안 김개남, 김덕명의 집에 머물면서 전라도 지역 접주들을 접견했다.

⑵ 동학 농민 혁명

1890년대가 되자 30년에 걸친 최시형의 활약으로 동학 조직은 전국 규모로 성장했다. 30년 전 최제우는 '결과는 훗날 이루어지는 것이니 마음을 조급하게 먹지 말라.'고 했는데 이제 결과를 이룰 때가 된 것이다. 동학 지도부는 교조 신원 운동(敎祖伸寃運動)을 펼치기로 결정한다. 교조 신원 운동은 교조(敎祖, 동학의 창시자)인 최제우의 억울함[원(寃)]을 풀어 주기[신(伸)] 위한 운동(運動)을 말한다. 최제우는 반란을 도모했다는 죄명으로 참수되었다. 따라서 교조 신원 운동은 이것이 잘못된 결정이었음을 시인하라고 정부에 요구하는 것이다.

또 동학에는 신분제를 폐지하라는 의미가 담겨 있기 때문에 교조 신원 운동은 신분제를 폐지하라고 요구하는 것이기도 했다. 이러한 의미를 담고 있기 때문에 교조 신원 운동은 현대사의 '독재 타도' 구호보다도 수위가 훨씬 높은 것이었다.

교조의 신원을 요구하는 최초의 움직임은 이보다 20여 년 전인 1871년 이필제(李弼濟, 1824~1871)의 주도로 일어났다. 이필제는 결과로서의 사회 변혁에만 관심이 있었던 인물로, 최제우가 참수된 뒤 삼남 지방을 떠돌며 여러 차례 민중 봉기를 주도했다. 이필제가 봉기의 뜻을 보였을 때 신중한 태도를 보였던 최시형도 1871년의 봉기에 가담했다. 이필제는 사회 변혁은 민중의 도덕성을 확보함으로써 이루어진다는 성찰이 부족하다는 단점이 있었기 때문에 최시형이 처음에는 적극적인 호응을 하지 않았는데, 이필제가 교조 신원 운동이라는 명분을 내세워 최시형을 설득한 것으로 보인다. 3월 10일 동학도 500여 명이 영해(寧海) 관청을 습격해 탐관오리를 숙청한 뒤 하루 만에 물러 나와서 영해부에서 탈취한 돈을 주변 사람들에게 나눠 주고 흩어졌다. 그러나 그 뒤 동학 조직은 산산이 부서지는 시련을 겪어야 했다. 여기에 가담한 사람들 100여 명이 체포되고 200여 명이 떠돌이가 되었다고 한다. 최시형으로서는 뼈저린 경험이었다. 이필제는 그해 8월, 무기를 마련하기 위해 무기 창고를 습격하다가 체포되어 능지처참 되었다. 교조 신원 운동이라는 명분을 내세웠지만 1871년의 봉기에는 교조 신원 운동의 자취가 별로 남아 있지 않다.

본격적인 교조 신원 운동은 세 차례에 걸쳐 일어났다. 1892년에는 공주와 삼례에서 집회가 있었고 1893년에는 보은에서 집회가 있었다. 공주 집회와 삼례 집회는 서인주, 서병학이 주도했다. 요구 조건은 최제우의 억울함을 풀어 달라는 것과 동학도를 탄압하지 말라는 것이었다. 이러한 요구에 따라 충청 감사 조병식과 전라 감사 이경직이 동학도를 탄압하지 않겠다고 약조했다. 물론 교조 신원은 그들의 권한 밖의 일이었다. 공주 집회와 삼례 집회의 의의는 첫째, 관리들이 농민을 협상의 대상으로 받아들이지 않을 수가 없었다는 데 있다. 농민이 국정(國政)에 참여하는 최초의 일이 일어난 것이다. 둘째, 동학도의 요구 조건에 탐관오리를 응징하라는 요구가 없다는 점이다. 이것은 교조 신원 운동의 목적이 신분제 타파에 있었음을 암시하는 것이다. 농민의 국정 참여가 원천적으로 봉쇄되어 있는 상황에서 탐관오리를 응징하라고 요구하는 것은 오히려 동학 운동의 취지가 굴절될 수 있기 때문에 아예 언급하지 않았을 것이다. 탐관오리를 응징하라는 요구가 의미를 띠려면 농민이 국정에 참여할 수 있는 길이 먼저 열려 있어야 한다.

1893년에는 보은에서 집회가 있었다. 보은은 동학 지도부가 있었던 곳이기 때문에 보은에서 집회를 연다는 것은 전국의 동학 농민이 총집결한다는 것을 의미했다. 그리고 지방의 감사를 대상으로 하는 것이 아니라 중앙 정부를 대상으로 하겠다는 것을 의미했다. 어차피 교조 신원은 지방 행정의 책임자인 감사의 권한이 아니기 때문에 이 것은 정해진 수순이었다. 이에 앞서 광화문 앞에서 소(疏)를 올렸다. 협상의 대상이 감사에서 임금으로 바뀌었지만 여기에서도 명확한 답변을 얻지 못하자 동학 농민이 보은으로 총집결하는 사태로 이어진 것이다. 중앙에서 내려온 어윤중과 동학 대표자 7인은, 20여 일에 걸친 대치 국면 속에서 협상을 거듭하며 합리적인 합의를 보았다. 어윤중은 성실한 자세를 보였고 고종은 동학도를 탄압하지 않겠다는 답변을 내려보냈다. 무력 충돌을 원치 않았던 최시형도 동학도들에게 해산 명령을 내렸다. 그러나 문제는 그 이후에 발생한다.

보은 집회 이후에 관료들이 변화된 모습을 보였다면 우리 역사는 순조롭게 흘러갔을지도 모른다. 보은 집회 이후에도 농민은 여전히 혹심한 수탈을 겪어야 했다. 전라도 고부에서도 같은 일이 일어나고 있었다. 전봉준의 주도로 이 지역 동학 지도자들이 고부 군수 조병갑에게 농민들의 억울한 사정을 호소하는 글을 보내자 조병갑은 오히려 이들을 옥에 가두고 구타했다. 급기야 전봉준의 주도로 농민들이 고부 관아를 점령했고 조병갑은 달아났다. 후임 군수가 와서 원만하게 사태를 수습하고 있을 때 중앙에서 내려온 안핵사 이용태의 만행이 다시 불을 지폈다. 이용태의 군졸들이 의도적인 약탈, 방화, 강간을 저지르며 돌아다니자 전라도 지역의 대접주 김개남, 김덕명, 손화중이 일어서기로 결의하기에 이르렀다. 이들은 전봉준을 동학군 대장으로 임명했다. 전봉준은 삼례 집회 때 동학 농민의 요구 사항을 전라 감사에게 전달하는 일을 맡았고 보은 집회 때에는 전라도 동학 농민의 식량을 보은으로 이송하는 일을 맡았었다. 이 무렵부터는 동학군을 이끄는 대장군 역할을 담당했다.

1894년 4월 6일, 황토현에서 농민군과 관군 사이에 최초의 전투가 벌어졌고 그 결과는 농민군의 압승이었다. 농민군은 황룡강 전투에서도 승리했고 곧이어 전주성을 함락했다. 관군이 농민군에게 패하여 달아나자 민씨 정권은 청나라에 병력을 요청했고 톈진 조약을 구실로 일본군도 이 땅으로 들어왔다. 이 땅이 다른 나라의 전쟁터로 바뀔 가능성이 농후했기 때문에 농민군도 휴전에 응할 수밖에 없는 상황이 되었다. 1차 동학 농민 혁명은 이렇게 막을 내리고 전라도 지역에서는 농민 자치 정부가 만들어졌다.

여기에서 주목할 것은 농민군과 중앙 정부 사이에 맺어진 전주 화약(全州和約, 전주에서 맺어진 협약)이다. 전주 화약에는 동학군과 정부는 국정에 협력한다는 조항이 있고 청상과부의 재혼을 허가하고 노비 문서를 불태운다는 조항이 있다. 이것은 농민이 정치에 영향력을 발휘해서 법 제도의 개혁을 이루어 낸 최초의 일이었다. 악법은 법이 아니라 범죄 행위를 해도 좋다는 허가증이다. 앞에서 언급한 관료들의 수탈은 법에 의해 보호받았고, 관료들은 농민들에게서 수탈한 돈으로 자신들의 송덕비(頌德碑, 공덕을 기리기 위하여 세운 비)를 세웠다. 아직도 남아 있는 조병갑의 청덕 선정비(淸德善政碑)가 그 대표적인 예다. 그런데 정작 이러한 악법은 반란군으로 규정된 동학군에 의해 바로잡혔고, 동학군이 아니면 이러한 탐관오리들을 제지할 사람도 없었다. 농민이 배제되고 오로지 양반 관료의 도덕성에 의해 좌우되는 애민 정치의 허구성이 여기에서 드러난다.

1차 동학 농민 혁명은 농민군의 승리로 끝났다. 이에 반해 2차 동학 농민 혁명은 농민군의 처절한 패배로 끝났다. 1차 동학 농민 혁명은 농민군과 중앙군의 싸움이었고 2차 동학 농민 혁명은 농민군과 일본군의 싸움이었다. 이 땅에 주둔하고 있던 일본군은 1894년 6월 21일 경복궁에 침입해 고종을 강제로 연금하고 친일 내각을 조직했다. 7월 25일에는 선전 포고도 없이 청일 전쟁을 일으켰고 8월 18일 평양성 전투에서 청나라 군대를 물리친 뒤부터는 노골적으로 조선 침략의 의도를 드러냈다. 동학군은 척왜(斥倭)의 깃발을 높이 들고 다시 일어섰다. 최시형은 9월 18일 동학군 총동원령을 내렸다. 그러나 대창을 들고 일본의 대포와 기관총을 상대할 수는 없는 일이었다. 전투하는 곳곳에서 패배하고 수십만 명이 목숨을 잃었다. 동학 혁명이 실패로 돌아가자 동학 지도자들도 무참히 죽어 갔다. 김개남, 김덕명, 손화중, 전봉준 등 동학의 지도자들이 줄줄이 체포되어 교수형을 받았다. 72세의 노인이었던 최시형도 1898년 4월 5일 체포되어 고등재

판소 판사로 둔갑해 있던 조병갑에게 사형을 언도받고 7월 18일 교수형에 처해졌다.

동학 농민 혁명에서 기치로 내세운 것이 반봉건, 반외세라면 1차 봉기는 반봉건에 승리한 혁명이었고 2차 봉기는 외세에 무릎 꿇은 좌절이었다. 그리고 반외세에 실패함으로써 반봉건도 유명무실한 것이 되었다. 일찍이 최제우가 일본과 서양의 조선 침략을 경고한 바 있지만, 그 이후 이 땅은 한시도 외세의 위협에서 자유로울 수 없었고 결국 일본에 나라를 빼앗기는 아픔을 맛봐야만 했다.

4.《동경대전》은 어떤 책인가?

최제우의 문집(文集, 어느 개인의 글을 엮어 놓은 책)인《동경대전》은 모두 네 번, 최시형에 의해서 간행되었다. 첫 번째 판본은 1880년 6월 강원도 인제군 남면 갑둔리에서 간행했는데 지금은 전해지지 않는다. 두 번째 판본은 1883년 2월 충남 천원군 목천에서 간행했는데 역시 전해지지 않는다. 세 번째 판본은 1883년 5월 충남 천원군 목천에서 간행했다. 두 번째 판본과 세 번째 판본은 똑같은 판본인데, 세 번째 판본 끝에는 "계미 중하 경주 개간(癸未 中夏 慶州 開刊)"이라는 말이 새겨져 있다. 목천에서 간행한 것이지만, 최제우가 경주에서 동학을 일으키고 포교했기 때문에 이것을 기리기 위해 이와 같이 새겨 넣는다고 발문(跋文, 문집의 간행 경위를 기록한 글)에서 밝히고 있다. 네 번째 판본은 1888년 3월 강원도 인제군에서 간행했다. 두 번째, 세 번째 판본은 목활자(木活字) 본이고 네 번째 판본은 목각(木刻) 본이다. 현재 남아 있는 판본은 세 번째 판본과 네 번째 판본인데 한두 글자 외에 판본상의 차이는 없다.

《동경대전》은 '동학의 경전들[東經(동경)]'을 '모두 모아 놓았다[大全(대전)]'는 뜻이다. 제목은 거창하지만 분량은 60페이지밖에 되지 않는다. 이 중에서 핵심이 되는 글은 〈포덕문〉, 〈논학문〉, 〈수덕문〉, 〈불연기연〉이고 그 분량은 모두 합쳐 26페이지다. 《동경대전》은 이처럼 소략한 책이지만 여기에 담겨 있는 철학 사상은 민중의 열망을 담아낼 수 있었고, 이것을 시발점으로 해서 30년 뒤에는 우리 역사에서 전무후무한 사건인 동학 농민 혁명이 일어났다. 최제우가 예견한 대로 '세상을 다시 여는 사건(개벽)'이 일어난 것이다.

《동경대전》에 담겨 있는 철학 사상에 대해서는 앞에서 서술했고 아래에서는 《동경대전》의 가치에 대해 설명하고자 한다. 최제우의 다른 저서인 《용담유사》에도 해당되는 이야기기 때문에 함께 언급한다.

조선 시대에 쓰여진 거의 대부분의 서적은 양반의 시각에서 쓰여진 것이다. 성리학의 수양 이론도 지배 계급인 양반 관료를 대상으로 한 것이지 피지배 계층인 민중을 대상으로 한 것이 아니다. 유학(儒學)이라는 말 자체가 '도덕성으로 무장한 사(士) 계급이 주도해서 세상을 다스리는 것을 목표로 하는 학문'을 뜻한다. 유학에서는 수양을 강조하는데 이것도 양반 학자, 양반 관료들의 수양을 의미한다. 이러한 시대 상황에서 쓰여진 《동경대전》과 《용담유사》는 두 가지 중요한 가치를 지니고 있다.

첫째, 《동경대전》과 《용담유사》는 우리나라에서 처음으로 그리고 유일하게 민중을 독자층으로 삼아 발간한 글이라는 점이다. 최제우는 양반의 자식이었지만 문과에 응시할 수 없는 신분이었고 따라서 지배 계층에 편입될 가능성이 없던 사람이었다. 10년간 봇짐장사를 하며 세상을 떠돌아다닌 것으로 알 수 있듯이 생업도 상민들과 전혀 다를 바가 없었다. 그가 지은 《동경대전》은 한문으로 쓰기는 했지만 '민중의 시각에서 민중을 이끄는 사람들'을 대상으로 지은 글이지, '민중을 다스리는 사람들'을 대상으로 지은 글이 아니다. 최제우의 다른 저서인 《용담유사》는 한문을 모르는 사람들, 특히 자신의 처자식을 위해 아예 한글로 썼다. 이처럼 《동경대전》과 《용담유사》는 민중을 독자층으로 하는 글이다.

둘째, 《동경대전》과 《용담유사》는 동학 사상이 무엇인지를 알려주는 핵심 저작이다. 1894년에 일어난 동학 농민 혁명은 지배 계급과 피지배 계급이 전국적인 단위로 격돌한 최초의 사건이었고, 피지배 계급이 승리했다는 점에서도 최초의 사건이었으며, 농민 자치 기구인 집강소(執綱所)를 설치할 정도로 평등 사회의 서막을 열었다는 점에서도 매우 중요한 사건이었다. 그런데 동학 농민 혁명을 역사적 사실로만 접근하면 동학 운동이 어떤 사상에 근거해서 일어났는지, 어떠한 흐름 속에서 일어났는지를 파악하기가 어렵다. 이러한 요소들이 밝혀져야만 죽은 역사가 아니라 살아 있는 역사가 된다. 이러한 요소를 파악할 수 있는 핵심적인 단서가 《동경대전》과 《용담유사》다.

5. 《동경대전》의 현대적 의의

한국에서 동양 고전의 현대적 의의를 찾는 데는 특별한 어려움이 있다. 첫째, 사용하는 언어가 바뀌었다. 조선 시대에는 한문으로 글을 썼고, 한문으로 글을 썼다는 것은 한문으로 기록했다는 것만을 의미하는 것이 아니라 생각의 소재가 달랐다는 것을 의미한다. 이러한 문제를 해결하기 위해 많은 사람들이 동양 고전을 현대 국어로 옮기는 번역 작업을 하고 있지만 번역 자체에 한계가 있기 때문에 공감의 폭과 깊이가 그만큼 좁을 수밖에 없다. 둘째, 우리는 1910년에서 1948년까지 일제 강점기와 미군정기를 거치며 우리의 주권을 행사하지 못한 아픔을 겪었다. 우리 역사를 스스로 발전시킬 수 있는 기회를 잃었던 기간이다. 그리고 그 이후에는 서양 문화를 흡수하기에 급급했다. 이 때문에 1910년 이전의 문화와 1948년 이후의 문화는 한자리에서 이야기하기 어려울 만큼의 거리가 있다.

'전통'과 '현대'의 대화를 시도할 때에는 위에서 언급한 문제점을 염두에 두는 것이 좋겠다. 현대를 살아간다는 이유로 전통 문화에 대해 아예 관심을 가지지 않거나 무시하는 것도 바람직한 태도는 아니겠지만, 전통 사상이라는 이유로 과거 사상에 대한 막연한 환상이나 기대감을 갖는 것도 바람직한 태도는 아닐 것이다.

《동경대전》은 그 주된 내용이 전통 사상을 비판하는 것이기 때문에 우리가 어떤 시각에서 조선 시대의 사상과 문화를 바라봐야 하는지, 어떤 시각에서 현대 사회의 사상과 문화를 바라봐야 하는지, 하나의 시각을 제공해 준다. 한쪽에 현대 문화가, 다른 한쪽에 전통 문화가 있고 《동경대전》이 그 둘을 연결하는 다리 역할을 하는 셈이다. 《동경대전》에 주목해야 할 이유가 여기에 있다. 아래에서 《동경대전》의 요지이기도 하면서 현대 사회에서도 의미가 있는 주제 두 가지만 추출해서 '전통'과 '현대'의 대화를 시도해 보자.

(1) 윤리 문제

무인도에 가서 혼자 살지 않는 한, 사람은 윤리·도덕을 준수하지 않을 수 없다. 이때 문제가 되는 것은 크게 두 가지다. 첫째, 이기심의 문제다. 드러나는 현상을 놓고 보면 인간은 동물 중에서도 가장 이기적인 동물이다. 행위의 동력이 되는 것이 감정인데, '감정'은 이로운 것을 좋아하고 해로운 것을 싫어하는 자동 반응 시스템이다. 이러한 시스템이 없으면 생명을 보존할 수 없고, 반면에 이러한 시스템에 전적으로 의존하면 공동체가 파괴된다. 둘째, 위선의 문제다. 사회 구성원들이 저마다 남이 보는 곳에서는 공공질서를 지키지만 남이 모르는 곳에서는 공공질서를 파괴하며 자신의 욕구를 충족시키는 태도로 일관한다면 윤리적인 사회를 만들 수 없다.

최제우는 '양심이 곧 하늘'이라는 윤리관을 내세워 이기심과 위선의 문제를 해명하고 돌파하려고 한다. '인간은 이기적인 동물이다.'라는 명제를 반박함으로써 위선의 문제도 함께 해결한다. 인간이 이기적인 존재가 아니라 저마다 양심을 지니고 있는 것이 사실이라면 위선의 문제는 저절로 해결되기 때문에 구태여 언급할 필요도 없다. 물론 인간을 이기적인 존재로 파악하고 이러한 생각에 반대하는 사람들도 있다. 이들이 강조하는 것은 도덕 법칙을 준수하라는 것이다. 이기심을 극복하고 도덕 법칙을 준수하자는 것인데 이 경우에는 위선의 문제가 발생한다. 윤리·도덕을 억지로 추종한다는 것은 결국 위선으로 귀결될 수밖에 없기 때문이다. 그래서 이들은 '윤리를 실천하고자 하는 순수한 의지', 곧 선의지를 강조한다.

이기심과 위선의 문제를 '양심'으로 해명하고 돌파하느냐, 아니면 '선의지'로 해명하고 돌파하느냐? 이것은 우리의 일상에서 늘 쟁점이 되는 주제다. 손님이 두고 내린 돈 가방을 주인에게 돌려준 택시 기사 이야기를 생각해 보자. 그는 자신의 양심에 따라 흐뭇한 마음으로 돌려준 것일까? 아니면 소유하고 싶은 욕망을 억누르고 도덕 법칙을 준수한 것일까? 우리는 이 두 요소가 섞여 있다고 느끼기 때문에 이 둘 중에 어떤 것이 정답이라고 단정하기는 어렵다. 감정의 영역에 양심이라고 하는 순수한 감정이 정말 있는 것인지 여부는 역시 각자가 판단할 사항이다.

이기심과 위선의 문제를 '양심'으로 해명하고 돌파하느냐, 아니면 '선의지'로 해명하고 돌파하느냐? 이 주제는 현대의 쟁점이기도 하지만 조선 시대 성리학의 주요한 쟁점이기도 했다. 다만 이러한 주제가 몇 겹의 장막에 가려져 있어서 명확하게 드러나지 않을 뿐이다. 몇 겹의 장막을 걷어 내고 단순화해서 이야기하면, 조선 시대에 '양심'의 철학을 전개한 대표자가 이황(李滉)이고 '선의지'의 철학을 전개한 대표자가 이이(李珥)다.

동학은 이처럼 동학 이전의 윤리관과 동학 이후의 윤리관을 한줄기로 바라볼 수 있는 시야를 제공해 준다. 조선 시대 성리학은 현대 언어와는 다른 언어로 구성되어 있고 더욱이 형이상학이라고 하는 장막에 가려져 있으며 게다가 양반과 상민이라는 신분 질서를 바탕에 두고 전개되었지만 그 핵심에는 '양심'과 '도덕 법칙'의 대립이 놓여 있는 것임을 동학을 통해 파악하고 확인할 수 있다. 현대 사회에서 윤리 문제를 설명하는 방식은 다양하지만 이 또한 그 핵심에는 '양심'과 '도덕 법칙'의 대립이 놓여 있는 것임을 동학을 통해 파악하고 확인할 수 있다. 동학은 이처럼 과거와 현대의 윤리관을 하나의 관점에서 이해할 수 있는 시야를 제공해 준다. 전통과 현대를 연결해 주는 다리 역할을 하고 있는 것이다.

(2) 정치 문제

조선의 성리학자들은 엄격한 수양 이론을 전개했다. 수양이 엄격하면 엄격할수록 양반과 상민의 신분 차별도 엄격해지기 마련이다. 양반과 상민의 구분을 엄격히 하고 도덕성을 갖춘 양반 관료가 백성을 제대로 다스리자는 것이 성리학에서 표방하는 애민 정치다. 최제우는 '양심이 곧 하늘'임을 천명함으로써 지극히 까다로운 성리학의 수양 이론을 단순화했다. 양반에게만 도덕성이 있는 것이 아니라 민중에게도 똑같은 도덕성이 있음을 선포함으로써 민중의 도덕성에 의해 건립되는 평등 사회의 가능성을 열었다. 요컨대 성리학은 관료의 도덕성과 애민 정치에 대한 담론이고 동학은 민중의 도덕성과 평등 사회에 대한 담론이다.

최제우가 말하는 평등 사회를 이해하기 위해서는 우선 '경쟁'과 '운명 공동체'의 의미를 이해해야 한다. 100미터 앞에 황금이 하나 있다고 하자. 경쟁이란 가장 먼저 달려가는 사람이 이것을 갖는 것이다. 그 사람이 그것을 혼자 갖든 다른 사람과 나누어 갖든 그것은 그 사람의 권리다. 경쟁하는 과정에서 반칙만 하지 않으면 된다. 반면 황금을 똑같이 나누어 갖기로 한다면, 이것은 '운명 공동체'라는 인식을 바탕으로 해서 분배하는 방식이다.

현대 사회에 나타나는 치열한 경쟁도 사회생활에서 좀 더 유리한 고지를 확보하기 위한 것이다. 예를 들면, 저임금을 통해서는 정상적인 문화생활을 영위하기 어렵기 때문에 돈을 많이 벌 수 있는 직업으로 사람들이 몰리고 그래서 경쟁은 날이 갈수록 치열해진다. 이러한 현상에 대해, 경쟁은 그 사람의 능력을 반영하는 것이기 때문에 이러한 방식은 정당하고 바람직하다고 보는 사람들도 있다. 최제우는 이러한 생각에 반대한다. 이런 식의 경쟁은 필연적으로 반칙을 낳는다. 부동산 투기로 타인의 행복을 빼앗아 가며 자신의 행복을 채우는 일이나 돈으로 족보와 벼슬을 사서 관리 생활을 하며 백성을 수탈하는 것이 그 반칙의 사례다. 이러한 반칙 사례는 생존과 직접적인 관련이 있기 때문에 개인의 도덕성을 중심으로 이 문제에 접근하는 것은 커다란 한계가 있다. 최제우는 이런 시각의 한계를 정확히 파악하고 있다. 그래서 빈천한 사람끼리 서로 싸울 일이 아니라 행복도 함께 누리고 슬픔도 함께 나누는 운명 공동체를 형성해서 이 문제를 돌파하자고 주장한다. '경쟁에서 승리함으로써 부유한 계층으로 편입하는 방식'을 타파하고, '가난한 사람도 잘살 수 있는 세상'을 만들어야 한다고 보는 것이다.

조선 시대에서 현대 사회로 넘어오면서 양반과 상민의 신분 차별은 완전히 사라졌다. 그러나 이러한 신분 질서는 '부유한 자'와 '가난한 자'의 구도로 다시 살아나고 있다. 부유함과 가난함이 세습되어 태어날 때부터 어느 정도 결정된다는 것도 유사한 점이다. 이 문제에 대해, 정당한 경쟁을 통해서 승리한 사람에게 부유함이 많이 돌아가야 한다고 생각하는 사람도 있을 테고 가난한 사람도 다 함께 잘사는 세상이 되어야 한다고 생각하는 사람도 있을 것이다. 이 문제를 정치·경제 체제와 관련지어 좀 더 생각해 보자.

어떤 사람들은 기업이 발전해야 국가가 발전한다고 주장한다. 기업이 발전해야 일자리가 창출된다는 점을 생각하면 쉽게 납득이 될 것이다. 기업이 발전하면 할수록 그만큼 국민에게 돌아가는 이익도 많아진다는 논리다. 한편 이러한 주장에 동의하면서도 가난한 사람들을 적극적으로 더 많이 배려해야 한다고 주장하는 사람들도 있다. 이 두 부류는 모두 공정한 경쟁과 도덕성을 강조한다. 다른 한편 경쟁의 구조를 공정하게 만들어 분배 정의를 실현해야 한다고 주장하는 사람들도 있다. 원천적으로 실업자, 빈곤층이 나타나지 않도록 만들어야 하고 그러기 위해서는 다수를 차지하는 사회적 약자들이 하나의 세력을 형성해야 한다고 보는 것이다. 이러한 주장들에 상응해서 정치 이념도 다양하게 나타난다. ① 기업의 역할을 뒷받침하는 정치 이념, ② 빈곤층을 적극적으로 배려해야 한다는 정치 이념, ③ 부익부·빈익빈(富益富·貧益貧, 부유한 사람은 점점 더 부유해지고 가난한 사람은 점점 더 가난해진다는 의미)의 경제 구조를 해결하기 위해서는 서민을 대변하는 정당이 있어야 한다는 정치 이념 등이 현대 우리 사회를 지배하는 정치 담론들이다.

양반과 상민으로 신분이 나뉘어져 있던 조선 시대에서 위 둘째 항과 유사한 생각을 했던 사람으로 정약용(1762~1836)을 들 수 있다. 도덕성과 실무 능력을 갖춘 사람들이 관직을 맡아 백성이 편하게 살 수 있는 세상을 만드는 것, 이것이 정약용의 이상이었다. 정약용의 《목민심서》, 《흠흠신서》, 《경세유표》는 이러한 이상을 담은 저작들이다. 반면 최제우는 이러한 생각을 정면으로 반박하며 《동경대전》과 《용담유사》를 통해 위 셋째 항과 유사한 주장을 제창했다. 이러한 주장은 동학 농민 혁명에서 꽃을 피웠고 현대 사회에 적용하면 다음과 같이 말할 수 있다. '법이란 사회적 약자를 보호해 주는 측면도 있지만 사회적 강자를 정당화시켜 주는 측면도 있다. 고부 군수 조병갑의 행위를 개인의 도덕성 문제로 파악하는 것은 바른 시각이 아니다. 개인의 만행도 적지 않았지만 대부분 법에 의해 보장 받은 행위였다. 프랑스 혁명이나 동학 농민 혁명은 혁명을 통해 법 제도를 바꾼 것이지 입법 절차를 통해 법을 바꾼 것이 아니다. 혁명은 법이 사회적 약자를 핍박하는 도구로 쓰일 때 나타나는 현상이다. 이러한 문제를 해결하기 위해 현대 사회에서는 선거를 통해 국회의원을 선출한다. 그러나 이것도 국회의원을 뽑기 위해 투표하는 하루, 그 하루의 주권이 나머지 1,460일의 주권을 보장해 주지 못한다는 문제점을 안고 있다.'

위에서 언급한 첫째, 둘째, 셋째 항에서 어떤 것이 가장 합리적이고 바람직한 것일까? 이에 대한 판단과 선택은 각자의 몫이다. 이에 앞서, 대립하는 주장들 각각의 주장이 무엇인지를 정확하게 파악하려는 노력을 기울여야 하는 것도 우리의 몫이다. 현대 사회에서 일어나는 어떤 현상에 대해, 대립하는 각각의 주장이 무엇인지를 정확하게 파악하고 판단하고 선택하는 데 이렇게 동양 고전이 하나의 참고 자료가 될 수 있다면, 그것만으로도 '전통'과 '현대'는 충분히 의미 있는 대화를 나누고 있는 것이다.

최제우 연보

1824년(1세)	10월 28일 경주군 현곡면 가정리에서 아버지 최옥과 어머니 곡산 한씨 사이에서 태어났다.
1833년(10세)	어머니 곡산 한씨가 별세했다.
1837년(17세)	아버지 최옥이 별세했다.
1842년(19세)	삼년상을 마치고 월성 박씨와 부부의 연을 맺었다.
1844년(21세)	이때부터 10년 동안 전국 방방곡곡을 누비며 봇짐장사를 했다. 여기저기 떠돌며 온갖 불합리·부조리·부도덕이 판치고 도참 신앙과 서학이 극성을 부리는 세태를 목도했다. 이기주의를 타파해야겠다는 문제의식이 형성된 시기다.
1854년(31세)	장사를 그만두고 이때부터 처가가 있던 울산에서 쇠를 만들어 파는 철점을 경영했다. 무엇이 올바른 삶인지를 생각하며 많이 방황한 시기다.

1859년(36세)	10월, 세상을 잘못 살았다는 깊은 반성과 이 시대의 문제점을 깊이 파헤쳐 보겠다는 굳은 결심 속에 고향인 경주 용담으로 돌아간다. 이때 이름을 제선(濟宣)에서 제우(濟愚)로, 자(字)를 도언(道彦)에서 성묵(性默)으로, 호(號)를 복술(福述)에서 수운(水雲)으로 바꿨다. 이 시점부터 동학의 역사가 시작되었다.
1860년(37세)	6개월 남짓 지속된 사색 끝에 4월 5일 비몽사몽(非夢似夢) 중에 문제 해결의 실마리를 포착했다. 이때부터 다시 1년여 동안 자신의 깨달음과 유학의 경전들을 하나하나 대조해 가며 확인하고 검증하는 시간을 보냈다.
1861년(38세)	6월부터 포교를 시작했다. 7월에 〈포덕문(布德文)〉을, 8월에 〈안심가(安心家)〉를 지었다. 이 무렵에 지은 〈용담가(龍潭歌)〉는 저작 시기가 분명치 않다. 서원과 관아에서 동학을 배척하는 움직임을 보이자 11월 경상도 경주를 떠나 전라도 남원으로 갔다. 교룡 산성(蛟龍山城) 선국사(善國寺)에 방 하나를 얻어 은적암(隱蹟庵)이라 이름 짓고 6개월 남짓 이곳에 머물렀다. 이 무렵 〈통문(通文)〉, 〈교훈가(教訓家)〉, 〈도수사(道修詞)〉, 〈논학문(論學文)〉, 〈검가(劍歌)〉, 〈통유(通諭)〉, 〈수덕문(修德文)〉, 〈몽중노소문답가(夢中老少問答歌)〉를 지었다.
1862년(39세)	7월에 경주로 돌아온 뒤 제자들을 통해 동학을 본격적으로 포교했다. 이때부터 동학은 급속도로 퍼져 나갔고 수많은 사람들이 모여들었다. 이 때문에 최제우는 경주 관아로부터 출두 요청을 받고 9월 29일 경주 관아에 가서 조사를 받았다.

최시형의 주도로 사람들 수백 명이 몰려가 최제우의 석방을 요구했고 최제우는 10월 5일경 무죄로 석방되었다. 이해 겨울, 동학의 조직 단위인 접(接)을 구축하고 접(接)의 책임자인 접주(接主)를 임명했다.

1863년(40세) | 8월 14일 동학의 조직과 뒷일을 최시형에게 맡겼다. 이 무렵 〈도덕가(道德歌)〉, 〈흥비가(興比歌)〉, 〈탄도유심급(歎道儒心急)〉, 〈불연기연(不然其然)〉을 지었다. 조정에서는 최제우를 체포할 목적으로 1863년 11월 20일 선전관 정운구를 내려 보냈다. 최제우는 곧 체포될 것이라는 것을 알고 있었지만 피하지 않고 공개적으로 동학을 전파하다가 체포되었다.

1864년(41세) | 3월 2일 효수형을 판결 받고 3월 10일 대구 남문 밖 관덕당 뜰에서 참수되었다.